U0589134

祝勇著述集
3

祝勇　著

大家的大家　一

祝勇访谈录

辽海出版社

图书在版编目（CIP）数据

大家的大家：祝勇访谈录/祝勇著. —沈阳：辽海
出版社，2024.1
ISBN 978-7-5451-6239-4

Ⅰ.①大… Ⅱ.①祝… Ⅲ.①文化-名人-访问记-中
国-现代 Ⅳ.①K825.4

中国版本图书馆CIP数据核字（2021）第241087号

出 品 人：柳青松

---

出 版 者：北方联合出版传媒（集团）股份有限公司
　　　　　辽 海 出 版 社
　　　　　（地址：沈阳市和平区十一纬路25号 邮编：110003）
印 刷 者：辽宁一诺广告印务有限公司
发 行 者：北方联合出版传媒（集团）股份有限公司
　　　　　辽 海 出 版 社
幅面尺寸：140mm×210mm
印　　张：13.5
字　　数：270千字
出版时间：2024年1月第1版
印刷时间：2024年1月第1次印刷
责任编辑：甄　贞　罗　申
装帧设计：杜　江
印制统筹：曾金凤
责任校对：李子夏

---

书　　号：ISBN 978-7-5451-6239-4
定　　价：98.00元

购书电话：024-23285299
网　　址：http://www.lhph.com.cn
版权所有，翻印必究
法律顾问：辽宁普凯律师事务所　王　伟
如有质量问题，请与印刷厂联系调换
印刷厂电话：024-24859415
盗版举报电话：024-23284481
盗版举报信箱：liaohaichubanshe@163.com

# 总 序

———

　　我很早就对汉字表现出由衷的迷恋。我相信汉字是古代中国人最伟大的创造，对中华文明有奠定之功。我们不能简单地把汉字当作一种语言交流工具，任何一种文字都可以是语言交流工具，但汉字不同，它决定了中国人的审美方式和思维方式，甚至决定了我们文明的走向。假如没有汉字，还有王羲之、颜真卿吗？假如没有汉字，还有李白、杜甫吗？试想，如果王羲之、颜真卿用英语写书法，李白、杜甫用拉丁文写诗，会是一个什么样的结局？月落乌啼、江枫渔火，每一个汉字，都是一个浓缩的世界，有

在故宫，2021 年，孙佳妮摄

立体的层次，有无穷的魅力。是汉字，唤起了中国人在文化上的创造性，让华夏文明获得了源源不断的动力。我从小喜欢读书，是因为那些书是用汉字印刷的，哪怕是外国文学，也是翻译成汉字的。所以我是从汉字笔画转折里去了解世界，去体味人生的。假若没有了汉字，我们的生命可能都无所依托。假若我们的祖先发明的是另一种文字，汉碑晋书、唐诗宋词就都不存在了，我们的文明史都要重写。汉字是长在我们身体里的文字，是我们生命中的文字。假若我们的文字不是汉字，我简直不能肯定我是否还会热爱文学。

我不知从什么时候开始沉醉在汉字的世界里，至少在读中学时，就开始在自习时读托尔斯泰、雨果、茨威格，把物理、化学这些教科书衬在外面作挡箭牌。到北京上大学，正逢20世纪80年代，莫言、余华、马原、王安忆方兴未艾，我更为他们的文字所吸引。我读莫言《红高粱》，读余华《一九八六年》，读王安忆《小鲍庄》，读张承志《黑骏马》，读乔良《灵旗》，读马原《虚构》，读洪峰《瀚海》，他们的文字给我带来的冲击力，至今记忆犹新。我崇拜写作者，惊奇于他们能够在方寸之间创造一个浩瀚无穷的世界，他们是真正的魔法师。我从不崇拜所谓的明星，在我心里，唯有伟大的作家和诗人才配得上"明星"这两个字，就像李白，因母亲在生他时梦见太白星（长庚星）才有了"太白"这个字（李白，字太白），这才是货真价实的"明星"。那些靠流量吃饭、胸无点墨的表演者怎么能称"明星"？榜样的力量是无穷的，我一心想成为他们那样的作家，哪怕成为他们的十分之一也好。我从那时就开始写作，当然还不能叫写作，最多只能叫写，从不自量力的年轻时代，一直写到今天。

自 1993 年出版第一本习作，转眼 30 多年过去，我拉拉杂杂写下几十本书，有小说，有散文，有非虚构，也有学术理论文章，已不下数百万字。2013 年，东方出版社出版了"祝勇作品系列"，收选了我此前出版的 12 种单行本。2023 年，人民文学出版社出版的"祝勇故宫系列"也刚好出版了 12 卷，其中有"艺术史三部曲"（《故宫的古物之美》《故宫的古画之美》《故宫的书法风流》），也有"非虚构三部曲"（《故宫六百年》《最后的皇朝》《故宫文物南迁》），虽然还没有收入我的第三个"三部曲"，即长篇小说《国宝》三部曲，也不包括我正在写作的多卷本《故宫艺术史》，但依旧有人说，我写得太多了。不知从何时起，我几乎没有一天不在写作。在我看来，没有量，哪来的质呢？一个人吃七张饼，吃到第七张饱了，难道要他直接吃第七张吗？其实我写得不能算多，只是因为每日坚持，从不放弃，集腋成裘，慢慢就显出了规模。写作不是一时的选择，而是一生的事业。俄罗斯出版《托尔斯泰全集》多达90卷，这是一个终生写作者必然累积的成果。我不敢与托尔斯泰攀比，但我知道写作有赖于日复一日的努力，偷不得懒。有人认为我写得多，还有一个原因，就是许多比我更有才华的人中途转行，很少有人能在写作的世界里从一而终。聪明人都放弃了写作，纷纷投向回报率更高的事业，写作这片疆域，就留给了像我这样的愚人，怀揣写作梦想，始终执迷不悟。创作是一条艰苦的路，需要上下求索，许多人等不得，他们要马上可以看见的功和利。但写作这件事，恰恰与急功近利没有关系，不仅"急"不得，也没有什么"功"和"利"。因此商品大潮一起，80年代的文学热潮就不见了，当初的写作者作鸟兽散，队伍于是越打越少，轰轰烈烈的创作队伍，变成了寥寥落落的三五个人、七八条枪。

当代文学史上我最敬佩的作家是柳青先生，他当年为写《创业史》而自降级别，放弃了当年在北京的优越生活，到陕西省长安县挂职副书记，其实是在皇甫村扎根，脱掉了四个兜的干部服，换上农民穿的对襟袄，把自己变成农民的一员。他的《创业史》，自1952年动笔，直到1978年他去世仍未写完，真正成了一场文学马拉松。正是这种在今天看来具有某种自我牺牲精神的写作，才使得已经完成的两部《创业史》（原计划写四部）成为当代文学的经典。在红尘世界里，柳青先生可能被看成一个十足的大傻瓜；但在文学的视野下，假如以权和利来衡量柳青的价值，那简直就是天大的笑话。

在这个世界里，孤傲的李白、潦倒的杜甫、郁郁不得志的苏东坡才是真正的王。我喜欢刘刚、李冬君在《文化的江山》一书的序言中所说的，"试问有唐一代，有多少帝王？翻一下二十五史里的《唐书》就知道了。他们从字里行间列队而出，向我们走来，除了李世民、武则天，我们还认识谁？还有一位李隆基。对不起，我们知道他是因为杨贵妃，一首《长恨歌》便盖过了他的本纪。他是王朝的太阳，光芒万丈，可在《长恨歌》里，美是太阳，集中在杨贵妃身上，留一点落日余晖，让他来分享。还有滕王阁的滕王，谁知道他的名字？而一篇《滕王阁序》，都知道是王勃作的，久而久之，滕王消失了，一提起滕王阁，人们就说王勃"。这是因为在世俗的、权力的世界之外还有一个世界，一个更广大、更深远、更永恒的世界，那就是文学的世界、美的世界。我不敢望这些大师之项背，也从来没有野心去成为他们，但我可以从他们的文字生涯中汲取信心和力量。在这个以金钱来衡量成败的年代里，文学需要一点儿牺牲精神，需要心无旁骛，需要呕心沥血，需要数十年如一日坚持不懈的努力与付出。

择一事，终一生，这在今天成为一句流行语，但说起来简单，真正做到，又是何其艰难！我之所以一路写下来，心无旁骛，不能只用"坚持"二字概括，归根结底，还是热爱，就是我前面所说的，对汉字所缔造的那个博大、深厚、瑰丽的世界充满迷恋。写作不是苦刑，而是一种精神享受，乐中有苦、苦中有乐，让人心甘情愿地为之付出。我无法摆脱它，更不愿摆脱它。在文字的世界里，我充分感受到了自己的富足，什么样的现实利益，都无法取代文字世界里的自我实现感。好的文字，可以让人获得力量。更重要的是，写作赋予我们独立的人格，不依靠奴颜媚骨，不需要摧眉折腰。一个优秀的作家，就是一个在文字世界里纵横捭阖的王。尽管世俗世界有它的运行法则，连文坛也是一个坛，也有挥之不去的关系网、利益链，但真正的写作者，只能依附于文学本身。

倏忽间，人生已过大半，当年那个意气风发的少年，已然是"尘满面，鬓如霜"了。我没写下什么了不起的作品，只是把自己的生命都奉献给了写作。蓦然回首，我不知道算是成功还是失败。或许人生根本就没有什么成功与失败，只有选择的不同而已。人的一生不可能面面俱到，一种成功可能就意味着另一种失败，反过来，一种失败也暗藏着另一种成功。我选择了在写作中度过此生，无论是成功还是失败，我都无怨无悔。

《祝勇著述集》的出版动议来自我的好友、辽海出版社社长柳青松先生，这套著述集涵盖的范围比"祝勇故宫系列"更加广泛，因为我的笔下不只有故宫，还试图容纳一个更加深远广袤的世界，不只有天下运势、王朝兴废这些宏大主题，更涵纳了小桥流水、紫陌红尘里的日常生活，以及蕴含在日常生活中的文化乡愁。因此这套书中有记录我多年行止、领略山河、感悟人间的散文（《月枕山河》），有我向前辈大家访谈求教的对话（《大家的大家》），有我关于写作的粗浅感言（《历史的复活术》），有我回答媒体采访一抒胸臆的表白（《文学的故宫》《洞见故宫之美》），甚至有我与名家师友的通信精选（《恰如灯下故人》），还有一些著述正在整理中，不日也将收入这套著述集中。总而言之，这是一套跨文体的著述集，有著，有述，还有一些体现我创作历程的原始资料，生动地还原了我在文字的世界里寻寻觅觅、上下求索、一路走来的艰辛，也透露出"暮从碧山下，山月随人归。却顾所来径，苍苍横翠微"的快意与自足。

最后我要感谢文化部原副部长兼故宫博物院原院长郑

欣淼先生为我这些不值一提的小书提供摄影作品，感谢辽宁出版集团董事长张东平先生给予的莫大支持，感谢柳青松先生对出版流程的垂注与把控，感谢责任编辑甄贞女士、设计师杜江先生等的细致工作，感谢所有为我的写作事业默默付出的师长、朋友和亲人们。

2021 年 11 月 25 日写于北京

2023 年 10 月 10 日改于北京

# 目　录

1912

Interviewee

采访对象 _

新中国第一代建筑师

张开济

设计要以人为本，
任何建筑，
都是为人类服务的。

Interviewee

采访对象 _

# 简
# 介

张开济，浙江杭州人，1912 年出生于上海，中国第二代著名建筑师，第一批全国设计大师之一。主要建筑作品有天安门观礼台、中国革命博物馆和中国历史博物馆（今中国国家博物馆）、钓鱼台国宾馆、北京天文馆、北京三里河"四部一会"建筑群等。1990 年被建设部授予"全国建筑勘察设计大师"称号，2000 年获中国首届"梁思成建筑奖"。2006 年 9 月 28 日在北京逝世，享年 95 岁。

张开济先生居住的塔楼毫无特色，与他的建筑大师身份形成鲜明的反差。房间四壁摆放着他多年来搜集的古代木雕，这些古老时间的遗物记录着先人在建筑细节上的精致与执着。古色古香的气氛令老人停留在从前的时光中。

91岁的张开济老人（2002年）在与我谈话的时候，听力和思维都十分敏锐，开玩笑时像个可爱的孩子。对当今建筑界的新鲜事物，比如townhouse什么的，他都门儿清，没什么蒙得了他。

对张开济先生的履历，不必做过多的介绍，看看他的设计作品就可以了——天安门观礼台、中国革命博物馆、中国历史博物馆、钓鱼台国宾馆、友谊宾馆、北京天文馆、北京三里河"四部一会"等。当然，大多数人只注意建筑而不注意建筑师，在人们心里，建筑往往比建筑师更重要。

人可以不听音乐，不看绘画，
却不能不住房子

祝勇：前几天从晚报上看了您过九十大寿的报道。

张开济：我今年 91 了，老掉牙了。

祝勇：您的牙还挺结实的。（笑）

张开济：不行不行，还是你们厉害，你们正赶上好时候。

祝勇：（指着墙上一张照片）这张照片厉害，都是当今的
著名老爷子——黄永玉、王世襄、杨振宁、丁聪，还有您。

张开济：（惊讶）你怎么都认识？

**祝勇：** 他们是大明星，我是追星族。

**张开济：** 他们都是大人物。

**祝勇：** 您也是大人物。

**张开济：** 我年纪大。

**祝勇：** 您很注意养生吗？

**张开济：** 我比较注意享受。我老伴说我糊涂，记性不好，我说我是老年痴呆症。她说我是弱智，我说不是弱智，是大智若愚。我的脑筋主要用在两个方面：认真工作、好好享受。干活要好好干，日子要好好过，要善待自己，理直气壮地享受。工作的目的，就是为了过得好一点儿，比如建筑师就是让人住得舒适一些，工作本身就是为生活目的服务的。不要整天皱眉头、做检讨，该玩玩该乐乐，生活和工作是相辅相成的，不是矛盾的。

**祝勇：**您的这套理论在（20世纪）五六十年代可行不通，那个时候讲吃苦在前，享受在后。

**张开济：**吃苦是没办法，吃苦的目的还是为了创造好生活，用现在话说，叫"提高生活质量"。中国古人对生活的态度是十分认真的，任何一个细节都不敷衍，这一点能够从古代建筑——不说宫廷建筑，就说老百姓的民居中都能体现出来。

**祝勇：**这张照片是在永玉先生的万荷堂拍的。在通州。

**张开济：**对。永玉对我说，你是建筑师，来看看我自己造的房子。

**祝勇：**我什么时候想到您的二公子张永和先生的"非常建筑工作室"去看一下。他给潘石屹造的"山语间"很有风格。听说他还在怀柔搞了一个"世界建筑师走廊"，叫"长城脚下的公社"。

**张开济：**你可以去看看。不过他现在不在国内。美国一家

黄永玉、王世襄、张开济、杨振宁、丁聪相会于北京通州万荷堂

大学的建筑学院由他主持,然后还要去欧洲参加一个展览,然后回国。北大成立了一个建筑研究所,也是他挂帅。

**祝勇:** 我注意到张永和先生的设计融合了许多乡土的元素,比如夯土墙、竹墙的运用,他是将现代意识和民间传统意识巧妙融合在一起了。

**张开济:** 土洋结合。

**祝勇:** 在西方后现代语境下成长起来的建筑设计师,能观照传统的因素、乡土民间的因素,十分令人惊喜。

**张开济:** 如果说我对他有什么帮助的话,最大的帮助就是叫他回来。美国的建筑师多、建筑事务所多,项目少,而目前中国正是经济增长最快的时候,项目多,设计师少,尤其是优秀的建筑设计师更少,回来大有用武之地。我说他是"海归派",我也是"海归派"。

**祝勇:** 如果我没有记错,您没有在国外搞过建筑。

**张开济**：我是从上海归来，这么个"海归派"。

**祝勇**：您从中央大学建筑系毕业后，在上海搞过建筑师事务所。

**张开济**：在南京、上海都搞过。我 1935 年从中央大学建筑系毕业，那时正是战乱时期，建筑系毕业就意味着失业。我在南京、上海的建筑师事务所搞过一段时间，很艰难。炮火连天的，谁还造房子？只有达官贵人可能造一些房子。我给陈立夫、陈果夫设计过房子。

**祝勇**："十年浩劫"中没有揪您给国民党反动派设计房子？

**张开济**：我只是建筑师，又没有参加"CC 派"。

**祝勇**：抗战结束后，您曾想过出国？

**张开济**：1949 年以前，我有三个选择，一是去北京，二是去台湾，三是去美国。思之再三，我选择了去北京。这并不是因为我多么爱国才留下来的，这个我得说实话，我是

张开济先生与祝勇，约 2002 年

出于专业方面的考虑。我想，新中国刚刚成立，百废待举，正是画最新最美图画的时候，建筑师大有用场，既可以施展才华，又能赚钱。我是想赚够了钱再去美国。谁曾想第二年，朝鲜战争打起来了，美国去不了了。

**张开济：**一个人的成长，实在是才能和机遇结合的产物。我和贝聿铭见面的时候，贝聿铭叫我"大哥"，我说我岁数比你大，成就可并不大。中国的建筑师，特别是国内的建筑师，我相信有才华的人是有的，甚至有些人不逊于贝聿铭，但是一辈子窝在这个小圈子里，成不了大气候。

**祝勇：**在现代中国，您算是第一代设计家了吧。

**张开济：**说第一代第二代都可以。梁思成是第一代，但他更主要是个学者，主要从事建筑史研究，留下的建筑作品很少。能够留下作品的建筑师，大概是从我这一代开始。

**祝勇：**中国有"建筑师"这个明确概念，大概也始于新中国成立初期。

**张开济：**中国历史上没有"建筑师"这个概念。人们家里挂张画，可以说这个画是哪位大家画的，感到很神气，却从来没谁说过这房子是谁设计的。

**祝勇：**甚至像故宫、颐和园这样的皇家建筑和园林，想了解其设计者的情况都非轻而易举。我知道天安门观礼台的设计者是您，要了解天安门设计者的资料就难了。我查到天安门的设计者是蒯祥。

**张开济：**中国建筑师在历史上没有地位，不是归在艺术家一列，而是归在工匠一列，最多算是个能工巧匠。中国就是这个传统，与西方大不一样。在西方，ART（艺术）分为五类：建筑、雕塑、音乐、绘画、电影。电影排在最后，因为它诞生年代最晚。建筑排在第一，因为它重要。人可以不听音乐，不看绘画，却不能不住房子。

**祝勇：**建筑师被赋予艺术家的地位是从您这一代开始的。但是到目前为止，建筑师的概念还有些混乱，建筑设计还更多地被归于工程技术一类，主要是在理工科考生中招生，而对建筑本身的人文性质和美学性质认识不够。陈志华教授说，他在清华讲建筑史、建筑美学这些课程，连建筑系学生都不感兴趣，这种情况，听起来就有点吓人了。

**张开济：**现在就是这个样子。美学修养是慢功夫，现在的年轻人都急着挣钱。建筑既要讲实用又要讲美观，片面强调哪一面都不对。

建筑设计不能只顾
自己的一个设计

**祝勇：** 刚才说到，张永和的设计尽管现代性很强，但他吸收了许多古典的和民间的元素。您在设计中国历史博物馆和中国革命博物馆的时候，设计了一个空廊，使空间变得灵动和剔透，丰富了建筑的空间语言，使宏伟建筑不陷入沉重和呆板。人们进入博物馆的时候，内心有一个节奏的调整，十分高妙。这一奇思，是否也受到了中国传统的庭院式建筑的启发？

**张开济：** 设计这个空廊，说起来还是迫不得已。在天安门广场出整体方案的时候，人民大会堂的总建筑面积为17万平方米，而我这边，历史博物馆和革命博物馆的建筑面积只给7万平方米，跟人民大会堂比起来相形见绌，只是个小弟弟，而在空间格局上又不能不对称，怎么办，我就来了这么一手，打肿脸充胖子。几十年过去了，现在看起来还挺好，算是因祸得福吧。

**祝勇：**周恩来在看方案的时候，曾经对您的方柱提出意见，认为人民大会堂的圆柱粗，历史博物馆的方柱细，不对称，希望您加粗方柱，您坚持己见，说服了周恩来。

**张开济：**对。总理很重视专家的意见，绝不越俎代庖。圆柱不论从哪个角度看，透视效果都是一样的；方柱则不同，正面看最细，45度角看最粗，因而，不能再加粗了，否则就显得很蠢。

**祝勇：**按照"古""今""中""外"四种尺度，梁思成非常形象地把建筑分为四个档次：最好是"中而今"，其次是"西而今"，再次是"中而古"，最差是"西而古"。历史博物馆，我认为是"中而今"。经历了这么多项目的设计，您内心一定有很多感触。

**张开济：**设计要以人为本，任何建筑，都是为人类服务的。

中国人搞建筑，喜欢把规模当成最高目标，一味追求"宏伟""气派"，这是一个认识误区，大而无当，内容不好。比如有些办公楼，光台阶就几十层，人走上去要老半天，累个半死，还有什么工作效率？这种高台阶，是封建意识的表现，根本不实用，也谈不上美观。

**祝勇：**是尺度的问题吗？

**张开济：**不仅仅是尺度太大，是观念问题、方法问题。

**祝勇：**我正写一篇长篇散文，通过解读故宫来透视封建王权制度，实际上是想写一本书，名字打算叫"旧宫殿"。

**张开济：**太好了，很有意思。建筑以人为本，实际上是民主思想的体现。我（20世纪）80年代曾在巴黎蓬皮杜艺术中心办过一个展览，通过建筑介绍中国人的生活。建筑是为生活服务的，那个展览十分生动，引起外国人很大兴趣。建筑不是为了讲排场。

**祝勇：**您理想中的广场是什么样的？

张开济先生设计的中国国家博物馆外用的柱子设计,为博物馆内部提供了较好的采光,
图片来自视觉中国

**张开济：**有座椅，有水池，有鸽子，有植物，有无障碍设施。

**祝勇：**您特别强调建筑的人本主义思想，但您设计的天安门观礼台是一座政治性建筑，专为政治仪式服务，它在造型和色彩上的隐蔽，一定是"别有用心"吧。

**张开济：**天安门城楼前本来就不应当再搞任何建筑，可是又有这种需要，怎么办呢？当时搞了个小规模的设计竞赛，有的人把观礼台盖上了琉璃瓦，想和故宫配套。我却认为这个设计越不显眼越好，所以我的设计高度不超过天安门的红墙，颜色是红色，琉璃瓦绝对不用，让观礼台和天安门城楼浑然一体，这叫此处无声胜有声。一般人眼中的天安门城楼的确没感到有一个什么观礼台存在，好像本来就是那样的。这就是最大的成功。一个建筑师该当配角的时候就当配角，观礼台就是天安门城楼的配角。建筑设计不能只顾自己的一个设计，要和整个城市的风格相和谐。

## 我们让房地产商人
## 变成了设计师

**祝勇：**像北京这样的文化古城，对建筑师是一项挑战。因为对它的建设受到很大制约，要求设计师有极高的修养和智慧。50多年来，北京的建设一直是争议的焦点，现在看来，还是（20世纪）50年代那一批建筑比较好，像历史博物馆、民族文化宫、中国美术馆，等等。80年代以后的情况不是很好，很多建筑都受到专家和大众的反对。主要问题一是拆、二是建。您是北京城改造和建设的当事人和见证人，不知您怎么看待这种现状？

**张开济：**我是上海人。第一次到北京是在1934年，作为南京中央大学建筑系的学生，集体来北京参观学习。火车快到东直门火车站的时候，宏伟的东南角楼进入我的眼帘。

角楼上面是碧蓝碧蓝的天空，下面是城墙和城楼，一队骆驼正在缓缓行进，真是好一派北国风光啊！到了北京后，看到那么多美不胜收的文物古迹，我一下子傻了。我这个上海人，才头一次晓得我们中国有多么伟大！有这种感觉的并不是我一个人，有一次我正在天坛欣赏祈年殿，旁边有位外国妇女情不自禁地说："我能站在这里看上三天三夜也看不厌。"

令人遗憾的是现在北京的古都风貌大不如从前了。主要有两个问题：一个是不该拆的拆了，一个是不该盖的盖了，50 年来这方面发生的事情我很熟悉。

最早的一个阶段是新中国成立初期，梁思成曾建议建设新北京、不要拆城墙。在这方面，今天的陕西西安和山西平遥都要感谢北京的经验教训。我 1980 年访问英国，英国人领我们到一个叫约克逊的小城市，那里只有一座既不高也不大的城墙，可他们视之为光荣和宝贝，而我们这类重要的文物，却费了很大的劲把它拆了。

**祝勇：**用今天的话说，拆城墙是一项"系统工程"，那么宏伟的城墙，想把它拆掉，没点干劲儿还真不行。古人一不留神把城墙建得很牢固，真难为那些拆城墙的人了。

**张开济：**后一个阶段情况好一些。当时说永定门影响立交，要拆，专家学者都反对，郑孝燮给陈云写了一封信，结果被采纳。其实只是路线稍微改动了一下，永定门就被保留了下来。

再以后就好多了，许多文物不仅被保护，而且被充分利用起来了。在这方面，我是呼吁最强烈的，我曾提出"旧瓶不妨装新酒"的口号。实际上，国外一直在这样做，比如，巴黎将一座旧火车站改成了博物馆。结果，在我和众人的努力下，湖广会馆保护下来了，变成了一个戏剧中心；先农坛太岁殿保护下来了，变成了中国建筑博物馆；五塔寺变成了石刻博物馆……这是个很大的进步。因为最合理的保留是不但保留而且利用，并赋予它新的内容。

古城保护不仅停留于古建单体的保留，而且是成街成片的保留，保留建筑环境和彼此间的关系。北京现在划定了 25 片保护区，是认识上的一个进步。另外，许多重要文物也被恢复，比如白塔寺的山门，也终于"亮"出来了，虽然其过程也是很艰难的。广大群众的文物保护意识也有很大的提高。前几年为了恢复北京站附近的一段城墙，北京市民积极捐献城砖就是一个例子，从拆城墙到建城墙、

故宫太和殿，图片来自视觉中国

从拆文物到拆建筑让文物，这种变化，耐人寻味。

50 年来，我目睹并参与了这一切，总的来讲，进步很大，弯路也走过。尽管如此，对于保护古都风貌，我们还是不能抱以悲观的态度和破罐破摔的想法，应该尽量抢救，能抢救的抢救，能争取的争取。

**祝勇：**最近，广安大街的建设又引起争议。广安大街西起广安门，东止于广渠门立交桥，全长 8 公里。它因位于北京老城区的中心地带，跨宣武、崇文两区，穿越菜市口、虎坊桥、珠市口、磁器口、夕照寺路等闹市地段，历经百余年来的风雨沧桑，残留下来的会馆、故居屈指可数，因而更显弥足珍贵，其中有纪晓岚故居、德寿堂药店；暂保文物两处：京华印书局、开明戏院；登记文物三处：江西南康会馆、明因寺、火神庙；待定文物一处：曹雪芹故居；另外还有一处宗教建筑。也就是说，这些文物建筑或多或少、或全部或局部已进入拆迁范围之内。其中，人们最为关注的是纪晓岚故居；而争议最大的，则是曹雪芹故居。

纪晓岚故居位于珠市口大街西端今晋阳饭庄所在地，书斋名曰"阅微草堂"。院内至今保留了纪晓岚当年亲手栽植的紫藤萝、海棠树和门前的两株古槐，形成了故居整

体上的人文历史价值。现在故居主体部分由南向北进入拆
迁红线二十余米，一旦拆除，紫藤将亡，海棠不保，草堂
必毁。

像北京城的每次拆建之前一样，这一次同样有不少专
家学者和政协委员表示忧虑，联名上书。市长在信上批示：
对此处文物宜妥善保留，道路不必求直，能让则让。尽管
如此，一些路段，因南北两侧都有文物建筑，让得了北面的，
避不开南面的；有的文物建筑因整体进入红线，避让难度
过大。所以，一些文物建筑面临被拆迁的局面不可避免，
如民国时期的建筑开明戏院、江西南康会馆、曹雪芹故居
等处。其中，对曹雪芹故居即十七间半房是拆是留存有较
大争议。一些专家认为："我们如何让后人相信，偌大一
个北京城，就容不下这十七间半房？"

**张开济：**前几年我到哈尔滨开会，看到市区内一座东正教
圣索菲亚教堂时，大吃一惊。我曾去过不少世界著名的大
教堂，如罗马的圣彼得大教堂、伦敦的圣保罗教堂、巴黎
的圣母院大教堂、科隆市的大教堂、米兰的多莫大教堂和
维也纳的圣斯蒂芬尼大教堂等，但这些教堂不是西洋古典
式就是西洋高耸式，而圣索菲亚教堂属拜占庭风格，这种

建筑风格的教堂很少。西方的教堂从主体结构到装饰细部都是用石料制成的，而圣素菲亚教堂则全部是以清水红砖砌成的，所有的装饰线条也是完全用清水红砖砌成的，其精美的程度令人叹为观止。但这座"世界级"的建筑精品却长期默默无闻地"隐居"在哈尔滨的闹市中，一般人很少注意到它，更不可能看到它的全貌，因为四周杂乱无章的破房子把它团团围住了。面对它的现状，我情不自禁地大呼"妙不可言，惨不忍睹"。这两句话被当地报纸发表了，我很荣幸，但更多的是感到痛心。1997 年，我从新闻报道和一位教授的来信中得知：当时的哈尔滨市市长汪光焘，下令拆掉了圣素菲亚教堂周围所有的破房子，恢复了它的本来面目，而且它的内部被利用作为一个建筑艺术博物馆了。一座俄国的教堂，今天成了我们城市的一个景点，于是，我在《人民日报》上发表了一篇文章《古为今用，洋为中用》。

两广路视察的几个地方，都不是国家和市级文物保护单位，能够受到今天这样的重视，是好现象，但也要避免过头。比如"开明影院（珠市口影院）"，是意大利回国的著名建筑师沈理源的作品，但是他的作品很多，分散在天津和北京两地。我建议将来为他的作品出版一本专集以纪念我国建筑界的这位"开山鼻祖"，但是"开明影院"

由于与两广路改建矛盾很大，就不一定保留了，而将这座
建筑的现状加以测绘并拍成照片，收入沈老的专集之内，
也就可以了。

**祝勇：**北京的很多城市建筑近年开始重新粉刷，很多楼房
千篇一律地涂上粉红色外墙和白色的窗框。

**张开济：**老百姓管这叫"大红脸儿，翻白眼儿"。外墙粉
刷的色调应以雅淡明快为主，如果采用过多的颜色会导
致庸俗，而且和北京古老的历史感很不相称。北京原来
的整体色彩就是灰色，外城大片灰色的四合院和紫禁城
形成了鲜明的对比和强烈的统一，反而更突出了紫禁城
的金碧辉煌。

访谈时间：2002 年 8 月 29 日

整理时间：2023 年 7 月

# 1924

Interviewee

采访对象 _

凤凰有两种人，
一种像水，一种像火

黄永玉

我从来不否定自己，我干吗否定我自己呢？对我个人来讲，有一个美国的华人作家，写过一篇我的文章，我很欣赏他的文章，发在《读书》上，他说黄永玉，你别以为他很谦虚，他一点儿也不谦虚的，但是他不是傲慢，他是求实。我想这个话还是讲得比较好，我比较求实，另外劳动态度还可以。

Interviewee

采访对象 _

# 简
# 介

黄永玉，1924 年出生于湖南省常德县，祖籍为湖南省凤凰县城，土家族人，中国著名画家、作家，在版画、国画、油画、漫画、雕塑等领域都有极高造诣。中国画院院士，中央美术学院教授，曾任版画系主任。中国美术家协会常务理事、副主席、顾问。1986 年荣获意大利总统授予的意大利共和国骑士勋章。著有《永玉六记》《这些忧郁的碎屑》《太阳下的风景》《无愁河的浪荡汉子》等。被人民文学出版社评为 2021 年"年度致敬作家"。有《黄永玉全集》出版。2023 年 6 月 13 日逝世，享年 99 岁。

　　去万荷堂做客，没有胆量不行，因为黄永玉养的狗不仅多而且厉害。我和朋友们从大门鱼贯而入时，成群的德国纯种狗就在我们身边狂吠，让我想起一部电影和一部小说——《裸露在狼群》《动物凶猛》。与我们的狼狈相比，主人要潇洒得多。他带着鞭子为我们开路，像个年轻牛仔。

　　坐在黄永玉先生宽敞的客厅里聊天饮茶，整个下午十分悠闲，直到暮色降临，浑然不觉。访谈由李辉、熊育群和我共同进行，熊育群执笔整理。

　　美术界知道黄永玉先生是因为他的画，非美术界的人知道黄永玉是因为他的散文——他的《永玉六记》，以及后来在三联出的那个散文系列，在读书人中影响很大；此外，就是他与沈从文的关系。

　　黄永玉先生是湖南凤凰人，土家族，1924年生，曾任中央美术学院教授。黄永玉自幼喜爱绘画，少年时期就以出色的木刻作品蜚声画坛，被誉为"中国三神童之一"。新中国成立前他曾任木刻协会常务理事，曾在香港从事木刻创作，并出任香港《新晚报》画页编辑。新中国成立后从事美术教学工作，现为中国美术家协会副主席。

　　黄永玉先生的木刻师法传统，装饰味极浓，重视形式美和内蕴之趣味，细致而不琐碎，严谨而不呆板，自成一格。黄永玉的彩墨画也非常著名，常以淋漓之墨色为基调，以凝重洒脱之线条为骨骼，以奇特之构思为基础。设色时淡时重，作品每有出新。

　　黄永玉先生作品流传于香港和台湾地区，20世纪80年代后更为该地区所珍视，1986年以后成为固定拍卖品。

## 我从来没想过立志
## 要干点什么

**黄永玉：**昨天我跟几个朋友讲，讲到小时候我在上海没有饭吃，要刻木刻。"党"也很抽象，不知道是谁，要我们刻木刻，游行、反饥饿、反内战，我们也刻。两三天吃一顿饭。我们自费闹革命，没有人管我们吃喝。开画展，春天、秋天一年开两次全国木刻展。

**祝勇：**您刚出版的《黄永玉大画水浒》一书，报纸上发了书评（《纸上的江湖》，祝勇撰）。《永玉六记》与水浒人物这样的绘画形式，与中国的民间艺术和传统的木刻是否存在一种必然的关联？

**黄永玉：**我从来没想过立志要干点什么，跟着日子混过来，做木刻、画画也是这样，难得像歌德这样，从小就立志，然后就真的做到了，变成了一个伟大的人。我们怎么可能是这样的呢？喜欢画画，画得也不怎么样，然后，跟着抗战，慢慢地一边长大一边混，画画画得熟练一点儿，认识的人也多一点儿。那么有特点是什么特点呢？跟从事文艺的人混的时间多，一方面跟画画的人，画画的人也不多，就是刻木刻的。当时，漫画、木刻，抗战期间起的作用比较大，那时学院派的油画、国画，它自己也认为对抗战没起什么作用，所以没有像现在这么雄。它不雄，但是我们穷，刻木刻的都很穷，一边长大一边自己培养自己，就这么成长起来。

**祝勇：**都是自学？

**黄永玉：**画什么民间的也好，画《水浒》也好，或者画什么也好，原先也没什么成长的计划、壮大的计划。这里面大概原因是看些书，对某种书比较有兴趣啊，认识一些朋友，那些朋友也谈这些问题，譬如，绀弩、黄裳、曾祺、苗子，大家聊起来。到了（20世纪）60年代初就有一个想法，准备刻一套木刻，那倒是踌躇满志了，《水浒》这么一本有

黄永玉与祝勇在万荷堂，约 2007 年，冷冰川摄

意思的书，还没有好的认真的插图，我来搞它一套，当时也认为一定是经典性的插图。

**祝勇：** 当时您想弄成什么样子的？

**黄永玉：** 当时是 60 年代，才 40 来岁，力气又足，很慎重的。因为《水浒》，我看的那些书，恐怕比较系统的啦，从宋朝的一直下来，宋、元、明、清关于《水浒》的，还做了卡片，"十年浩劫"期间全部搞光了，什么也没有了，彻底崩溃。那没有办法啦，那么以后老了，再刻是不可能啦。那些木板，准备了这么好的木板，那木板很贵的。

**祝勇：**《黄永玉大画水浒》与民间艺术有关系呢，还是完全是自己的国画人物？

**黄永玉：** 扯不上，我是民间出来的人。我没有学过画，学民间的比较容易，比较好画。学学年画，学学什么，也不能老这样。在上海十六七年，我刻过一些民间的木刻，混饭吃。那个时候 5 块钱一张木刻，一个月要刻 10 张才能交到房租，然后吃饭再想办法。

**祝勇：**画《水浒》人物的心愿跨越了几十年。

**黄永玉：**就是想画而已，与信念这么伟大的东西没有什么关系。我在香港，有一个人要我给他画，于是我就画了两套。我给他画嘛，（他说）给我买一套房子。画了之后他骗我，房子还是我自己买的，但是（画《水浒》的）动机是因他起来的。他也挺热情的，带我看房子，东看西看，后来他也不管了，把我的画骗去。这一套我自己留着。两套。这不是什么高雅的动机呀。就是一个过日子，解决过日子的问题。原来那个想法是比较正统的。在美术学院，年纪轻轻，40岁出头，刻一套《水浒》人物，身体好，眼睛也好，兴趣也高，朋友都健在，也都是壮年、中年这样子，等到——你就不要说等到我刻完了，就是后来这套画画完了，这些朋友都不在了。《序》里也说过，原来是等我那套画刻完了以后，有个非常有意思的一次聚会。等到经过"文化大革命"，重新画这一套东西，这些朋友都没有了，剩下黄苗子、黄裳两个人，（现在连）汪曾祺都没有了。

**祝勇：**黄裳的文章里面写的就是你们三个人。当时在上海，汪曾祺，你，还有他。

**黄永玉：** 他阔佬，黄裳是我们的阔佬，文章写了，你看到没有？

**祝勇：** 我看到了，文章还引了很多汪曾祺给他的信，他有你给他的信，他还留着。

**黄永玉：** 有、有、有。他阔，他在《文汇报》编《笔会》，又是轮船公司的高级职员，又给人家学生补习考大学的数学。基本上是黄裳请我们吃饭，我们从来做梦也没想到请黄裳（吃饭），他有钱，有稿费，是我们心里的阔佬。汪曾祺比我稍微好一点儿，他有一个房间，有一张床是空心的；也不空，（住着的）是一个什么报的，花边文学报这一类的，或者晚报之类的，晚上上夜班，也是他的中学的同学，我当然睡在他那张床上。汪曾祺老睡那一边，床头挂了一张汪曾祺画的画，他学那个康定斯基画的。他说我睡觉像婴儿，结果后来传来传去，变成我说谁是像婴儿了。实际上是他的文章说我睡在那个人的床上，因为他的床是铁片的，时间一长，铁片松弛了，变成了一个窝了，我睡在那里就很难伸直。《大公报》（副刊）是沈从文编的，每一个星期有汪曾祺的文章，都是整版的。后来整个上海的文艺界都看，的的确确，到了臧克家那里，到了巴金那里都谈汪曾祺。后来，几十年以后，出了一本汪曾祺的书，人家还以为是新作家。

**祝勇：** 您自己说文学在您的兴趣里是第一位的，美术排到第四位了，您当初刻版画是一种自发的兴趣，当时，是美术第一还是文学第一？

**黄永玉：** 那是木刻第一。那个时候除了木刻别的我不会干，写一点儿短诗、短文章，也写那个文体，基本上是鲁迅的文体，讲讲中伤人家的话，阴阳怪气的语言，讲讲这个讲讲那个，都是不满意的。

**祝勇：** 那您最早的兴趣还是美术？

**黄永玉：** 那恐怕是木刻。最早做一些木刻，帮一些私人做插图，有时，刻一个独立的创作。木刻有一个什么好处呢，那个木板上机器的，不能制版的，那时候制版条件很差，难得木板上了报纸，所以高度要一样，要很平；平常就是印它十份二十份三十份，寄给朋友。

**祝勇：**现在刻木刻的，如广东的一些版画家现在都不怎么刻了，转向油画；您也很早就没有刻了，您是因为木刻在艺术追求上它已经不太适应了，要抛弃它，还是因为其他原因？

**黄永玉：**我大堂有大板子，整张的，我就准备刻了。不会不喜欢，是现在事情这么多，刻一张木刻费时间，画一张画一般的几个钟头就画完了；刻一张木刻好多天，10张木刻就要好多好多的时间，但是最近还是要刻10张，刻10张原大。刻苗族的起源、神话。

**祝勇：**您现在对木刻还像当初一样很热爱？

**黄永玉：**又不是离婚，离婚就不想这个老婆了，不是这样的。放下这个事，干点别的容易办的事情。刻木刻是太不容易了。那还有一点，欣赏木刻的人将来越来越少了，那就是抗战时利益相关，除了木刻它没有别的好看了，而且木刻的历史任务这么庄严，这么轰轰烈烈，大家都愿意去做这个事，就是木刻同漫画。你什么油画，什么摄影，国画，抗战时还看国画？除了那些权威人物弄国画。

**祝勇：** 您画国画是从什么时候开始的，是什么原因画起了国画？

**黄永玉：** 画国画从画画开始，画画也是在学校读书的时候画的。在香港的一段时期，除了刻木刻也画画，开画展（用的）都是画。最早都是木刻，然后到1950年就是开画展，就是画了，也有铜版画。回到美术学院来又不画画了，因为我专门教木刻。教木刻很需要认真的态度的，但是也画画，主要是刻木刻。

**祝勇：** 后来以画画为主是什么原因呢？

**黄永玉：** 在美术学院教了40多年的木刻，后来到干校，有一天我就说了，我的意思是我就讨厌美术学院的版画系，讨厌。因为都是自己不干活，成天整这个整那个的，好像他们正经的业务就是整人，也不好好工作。当着这帮人，我就说，我回去后我不刻木刻了。有的比较老实的人就说，

黄永玉木刻版画《铁匠》

那你不刻木刻怎么生活呢？天这么大，地这么大，怕没有生活？实际上，我已经想好了。三年干校虽然没有画画，我脑子一直在想画画的问题。譬如说排着队放工回来，（走）16里地回来，河北平原看到太阳，落日的时候，太阳落下去，有时候看到太阳快到地平线，还滴了几滴那个红颜色下来，溶下来，好像。有的时候，唉，方，怎么（画）个太阳（是）方太阳哦？那就是画画的一些观念了。看到庄稼、看到向日葵、看到农村的一个房子，下雪天，天地一个颜色，几个灰调子，回去就去画这个画，可要同人家不一样才行。

**祝勇：**您的画用颜色用得很艳，您这个特色跟您观察自然或者什么原因有关呢？

**黄永玉：**也不一定，有时候也不艳，有的时候还比较暗的。有人告密，不是告我画猫头鹰吗，他没有告密之前到我家里：永玉同志，我感觉你这个画是不是有些忧郁。什么忧郁啊？又不是画得很艳丽的,怎么都是忧郁啊？有的时候，颜色，另外一种讲究嘛。你画画，画画这个、画画那个嘛，灿烂的颜色也可以画一种比较郁深的颜色嘛。

没有游戏心态，
你怎么能做得好呀

**祝勇：**有人说您在美术上不承认自己画的是中国画，是怎么一回事？

**黄永玉：**不是我不承认，人家说我的画不是中国画，那些老朽说的嘛。有人告诉我说，某某人说你的画不是中国画，我说，你告诉他，再说我是中国画我就告他。那是一种开玩笑的话，并不是真的这样。因为我不把这些人放在心上，你自己不好好画画，你不去做研究。我们画画的一个主要的东西就是去研究画画，不能整天重复地画你所熟悉的画，我们总要想办法画一张生的，用陌生的技巧去探索一些题材，或者克服难度，或者克服它的色泽上的问题，或者其他的问题，有时想要想好多年，真的要想好多年。

**祝勇：**能说说您艺术探索上的体会吗？

**黄永玉：**没有，没有什么任务，没有想到要解决一个什么问题，我要成为一个什么。我以前也说过，没有任务，没有任何替天行道的使命，尤其是把年轻人弄到周围来搞一点儿什么活动，搞一个艺术上的什么派别，突破。我的学生在美国要搞，我就臭骂他一顿，你画你的画，你靠我干吗？你不要搞这件事。后来他们就改成另外一个名称。有人要给我搞研究院，湖南怀化一个机构来了信，我那时在香港，我也臭骂他一顿，我说你研究我 5 分钟就研究完了，然后你就搞你的大房子，搞汽车、搞编制，搞这些名堂，我说你研究你自己嘛，你把一生放在我身上干吗？你一生大有作为，你搞我干吗，我有什么好研究的。

**祝勇：**您创作一幅画最初的念头是怎样形成的？

**黄永玉：**有的很长，有的很短，有的时候几分钟想出个念头就画了，有的几年也画不出来。譬如我画《山鬼》那张画，我就画了好多年。想，我不画。想完，解决了这一部分，解决另外一部分，解决解决差不多了，然后画。最近要画一张湘君湘夫人，已经想了 30 年了，到现在还没想好，没想好。由于画面有些那个味道都出来了，就是这两个人没想好。

**祝勇：** 人的形态？

**黄永玉：** 不是形态，她干什么你要想好。有的人画画，画女的，卖弄女人的胴体，扭来扭去，这怎么是湘君湘夫人呢？她到底是干什么？有很多细节，画面上的组织基本上都定下来了，最主要的没有办法，希望想出一点儿有意思的。

**祝勇：** 是不是人物画比山水画更难画？

**黄永玉：** 山水画也难画，画得好都不容易。

**祝勇：** 您是受西方绘画的影响大还是受民间艺术的影响大？

**黄永玉：** 谁也不能影响我，我对什么都喜欢，譬如毕加索，我就几乎能背。你说要画哪一张画，我都几乎能背出来，但是我不学他的。

**祝勇：**您在意大利佛罗伦萨买有房子，去欧洲也很多，其他到欧洲的画家，像朱德群、吴冠中，在中西绘画艺术结合上，都做出了探索，产生了很大的影响；我觉得您是一个纯粹的中国画家，好像西方不能对您产生影响。

**黄永玉：**有、有、有。我的这幅画《三月天》，那张大画，怎么没有西方的影响呢？那个色彩学问全是西洋的，怎么能没有？但是我是中国人画的画，只要是好的都拿来。你说我学毕加索，不会的，学米勒，从来没有的，学谁都没有。中国学吴道子？学范宽？也没有的。完全学民间？也没有的，但我都学的，就这样。所以，我不谈这个，有的说我学西方谁呀，通过这个可以说明许多知识学问，我没有这一套学问，我说它干吗？

**祝勇：**您的画风是这么多年平稳形成的，还是经过几个自我否定而走到今天的？

**黄永玉：**我从来不否定自己，我干吗否定我自己呢？对我个人来讲，有一个美国的华人作家，写过一篇我的文章，

我很欣赏他的文章，发在《读书》上。他说黄永玉，你别以为他很谦虚，他一点儿也不谦虚的，但是他不是傲慢，他是求实。我想这个话还是讲得比较好，我比较求实，另外劳动态度还可以。你说我好不算，要我自己认为它有收获才算。有的人说他好他还嫌说得不够，还得加两句，我听到我就很难为情。拉弓拉满弓，一射出去就知道坏了——这张画下次绝不能这么画。再下一张已经是拉满弓了，还没画完已经知道，有问题了，第三张我就要克服它，就永远在克服、在克服。但人家买我的画，这张画不行的，那我不会讲的。那我干吗要讲这个话？对自己我明白。永远有个克服过程。因为我没有想过艺术要为别人做点什么事情，都是我自己在工作，就好像母鸡生蛋，它没有使命感一样，母鸡生蛋它爱叫，我不叫。

**祝勇：** 让别人叫。……您的画特别是人物画，中国传统文化的内涵是很重的。

**黄永玉：** 就是文化内容触动我去画它嘛，要不然我就不会

快乐地作画

画它。

**祝勇：** 您有一幅挂历画，画的都是中国佛教道教的内容，那个菩提庵的，画的和尚、道士。

**黄永玉：** 我什么教都有的，但是我又不是多神教，包括伊斯兰教，包括《古兰经》我也看的。那道教一些有味道的东西，佛教更有很多有味道的东西，但有的时候拿佛教的东西开它的玩笑。我就画过一个观音，被人家买去了，观音坐在地上，腿伸得很直，"我站了这么久老站在那里，或者盘腿坐着也挺累，我干脆把腿伸直"，我就这么写。有时候开开玩笑。

**祝勇：** 您信不信教呢？

**黄永玉：** 你说我这种人能信吗？它最多是一种知识，是一种学术趣味，包括《圣经》，文体很精彩，那你看看它就感到是一种很有意思的文学体裁。佛经也是这样，那个句子很典雅、很有意思的，还有它堆砌很多的观念、信念，像七巧板一样，很有意思的。我是从这里（喜欢它的）。

老了，还是那么调皮

　　但你如果说我对人宽容一点儿，我愿意多去帮助人家，人家就说你是信佛教了，要不你不会这样。哪里有这个事呢！有时对人家容易动情吧，不信佛教也应该这么干的。那些道理也可能会影响我的。

**祝勇：** 你画这些内容都画得很风趣。佛教是很严肃的东西，但您画得很幽默、风趣，甚至还有点调侃，这个跟您的性格是不是有关系？

**黄永玉：** 可能是有关。我还画过一本册页，送给一个老太太，画年轻菩萨的生活，画菩萨盘腿坐着，那个时候《毛泽东选集》是很小的本子，他在学毛泽东选集，菩萨学毛泽东选集，菩萨从墙洞里头伸头出来看外面，菩萨骑自行车，菩萨听录音机……画了一本给她。苏雪林的妹妹，九十多岁了，我送给她的。最后拿我的脚涂了墨，盖了一个脚印。

**祝勇：** 您的画调侃、机智、幽默，表现了您的人生态度。

**黄永玉：** 我有一个同事，批判我的时候，一两千人的批判会上，说："黄永玉，你这个画画从来没有过为人民服务的态度，你从来是玩，你画画基本态度是玩。"我低了个头挨批的时候，我心里想，你这个老小子，要是在平常你讲这句话，我一定请你吃西餐。我的的确确是玩。做一点儿工作，你没有游戏心态，你怎么能做得好哇？那个很有兴趣，那个很喜欢，大的场面解决了搞小的地方，那个才可以。写文章也是，我写到得意的地方，我就哈哈大笑。我女儿在楼下，在意大利的时候，（问我）"爸爸你笑什么？"我说我写得很得意（《无愁河上的浪荡汉子》）。那个才是真正写东西嘛。

**祝勇：** 有一篇文章写您在佛罗伦萨做了一个雕塑，拿去厂里倒模时，被意大利的师傅批评为不会搞雕塑。

**黄永玉：** 不是这样。我去帮，做了几棵树，树上站了几只鸟，我那个鸟故意弄得它很有趣，很有雕塑感。他觉得不好，他给我做几只鸟贴在上面，光溜极了；他说你这个鸟做得太差了。因为我女儿怕说是我的，他要价钱要得高。我女儿她在佛罗伦萨艺术学院的，她已经毕业了，她还装作是学生。学生拿去做就便宜。他对我女儿当然就不客气啦，你这个鸟做得这么难看，然后做好了，你看看这个鸟怎么样？我说惨啦！你把我的鸟弄成这个样子，真惨啦！现在只好用他那个。

**祝勇：** 上个月我到您凤凰老家的古椿书屋，上次还没有，这次发现院子里有您的自雕像。

**黄永玉：**那个是玻璃钢的，是香港一个杰出的漫画家，他到我家来，我说你给我画个像吧，他就给我画一个像。画一个像后，我就按照他的东西做出来，放到广州去铸，展览会的时候用。基本上稿子是他的。

**祝勇：**您认可对您的漫画了？

**黄永玉：**有的人就不认可了。画漫画是一种非常好意的开玩笑。

**祝勇：**您的画直接表现现实题材的似乎很少？

**黄永玉：**我那些画都是现实题材，画古画、画人物都是现实题材。《水浒》人物就是按照生活中的人，把他们还原成生活中的人物。不是现实题材的我就不会画。譬如说，画一个古人盘腿坐在那里，这样的（做动作），我写道："听到那个笑话不好笑。"不好笑的笑话，没有人这样画过吧？古人也有讲笑话，也有笑也有不笑的嘛，不过用古人的样子来表达就是啦。

凤凰有两种人，
一种像水，一种像火

**祝勇：**在艺术创作上，您老家凤凰对您的影响是不是很大？

**黄永玉：**凤凰人很会开玩笑的，很机智的，谈问题。可惜我有一个年轻的朋友死了，他要是在的话，就是凤凰掌故的权威，记忆力又好，又诚恳。对人这么诚恳的人很少见的。沈从文的纪念馆，沈从文的墓地都是他经营的。到了沈从文的弟媳妇最后死了，孩子没来得及赶去，他当孝子跳到那个坑里头，要举办一个什么仪式，一般是儿子才进去的。叫作田时烈，这个人是太可惜了。这个人让我心里一直很伤痛的。他盖房子，有一点点钱，竖一根柱子；有一点点钱，又架一根横梁，几年，临死前一两年才勉强盖出来。他当了税务局长，"十年浩劫"期间游街把他画成丑角，一边挂一串辣椒，叫他打锣说自己怎么样，他照着做，大声地喊，他也照着做，游完了，不就算了嘛，他就下来了，他就在街上，哎呀——！你好哇，握手什么的，聊天哪。没有这回事一样。

**祝勇：**这代表凤凰人的一种性格？

**黄永玉：**是、是。

**祝勇：**为什么沈从文的性格那么内向呢？

**黄永玉：**所以我说，我们凤凰有两种人，一种像水，一种像火。沈从文最像水一样的，尤其是老子说的上善若水，他的确是这样。

**祝勇：**您是否说过，看了沈从文一生这么走过，您很感慨，说绝不像沈从文那样来做人。

**黄永玉：**我文章里没有写。没有绝不会，干吗绝不会呢？我有的事情就同沈从文完全一样的。对某一些人，看在眼里，他骗我也好，他玩我也好，我让他在那里。沈从文就是这样，我也是这样。但是有一样不同的地方，沈从文就没有想过什么时候给弄他一下，但我有时候要捶他一顿，要弄他，也有的。沈从文没有想过这样。他整个文学生涯里，没有一篇文章讲到他吃了苦头最后要打人家一顿，或者什么，他没有的。我有的。经历也不一样。那个时代与现在不一样。

**祝勇：**您的写作有没有受到沈从文的影响？

**黄永玉：**怎么会呢？我们两个不在一起，1950年才见面。他的情操是感染我的。一方面是尊敬，一方面也有很多地方吸收了他的，并不是完全不吸收的。吸收他某一种看法，对一个问题的看法。我跟他相处几十年，很少谈到文学。他谈到美学方面的东西，我们两个又有很大的距离，因为他是研究文物，譬如他说雍正时的一个瓷杯：美——极——了！qiaoboqiaobo！（湘西话）我当然陪着他哪，好啊好啊。我就不能理解，从一个小杯子里面能够发现一个极大的美。因为我是干这一行的嘛，我所追求的东西比这个要多得多，的的确确是这样的。譬如他讲到明朝时佛经封面

的板子，上面有很多锦缎，古代的，唐宋元明都有啦，他就一天一个人还在那里欣赏。要我看，我顶多从印象派的理论来看。交错的颜色，跳动，活跃呀，至于织工——怎么纺织干我什么事呀？他就要研究这个。

他的修养的的确确可以算是神奇，这是神给他的。我说他小学没有毕业，他还说他小学毕业了。我听说他小学没有毕业。你想想看，就算你小学毕业吧，怎么可以这样？有这么多的积累呀？积累不是说读书记性好啊，他的悟性，太厉害了！我说神奇啊！

**祝勇：**他不懂外文，但他看外国文学的翻译，能吸收真正精髓的东西。

1975 年春节，黄永玉和沈从文在北京罐儿胡同中央美院宿舍合照

**黄永玉**：他有几篇文章，还没有发表的，谈音乐的。他哆来咪都不懂，谈音乐，一定好！他谈莫扎特，谈贝多芬，谈柴可夫斯基，一篇一篇，这个厉害！为什么一定要懂音乐才谈音乐呢？谁都有条件谈音乐嘛。

**祝勇**：他的小说《长河》就是用音乐来写的小说，有音乐的结构。他不会唱吧？

**黄永玉**：他唱过一个《黄河黄河出自昆仑山》，以前的国歌，清朝时候歌颂祖国的。

**祝勇**：您在上海时没有见过他吗？

**黄永玉**：我小时候见过。他回家一次，到了以后就再也没有见过他。一直到 1950 年，我同我的妻子回北京，跟他见了。1953 年以后基本上一个礼拜有两三次到他家去，我们住得不远。

**祝勇**：你们聊天的话题中什么谈得最多？

**黄永玉：**我这个人有的时候也烦他，老人家话重复了，我"啊啊啊……"这样的。聊天嘛，他很愿意听我谈谈外头的事情，朋友什么的，讲讲笑话，讲讲某一个熟人最近怎么样啦。

**祝勇：**他话多不多？

**黄永玉：**好玩，有时候谈一点儿。只有我同他谈话能够谈到他小时候的事，他谈得多，因为我是他谈话的对象嘛。一个是亲戚，他又同我爸爸这么好，他就愿意回忆。回忆嘛就等于听音乐一样。听音乐我平常不大听，来一个喜欢音乐的：最近搞了一个片子，你看啊——一起听。一个人听很难得听，要有人听。他就是这样的，要有一个共同的东西。

**祝勇：**你跟他讲凤凰话吗？

**黄永玉：**讲凤凰话。

**祝勇：**他好像讲普通话？

**黄永玉：**他还不讲凤凰话，他有的时候还有点京腔。

**祝勇：**您送过他画吗？

**黄永玉：**他起不了床我才画过一张送他。我没有画画送他。没有画画送他的原因，画画送他并不一定表达我的什么感情。生日的话，我买个点心买个糖果给他，不比送画好吗？或者买条鱼买几只鸡，拿画来表达这种感情，好像不是我同他的关系。

**祝勇：**他对您的美术作品有没有提出过意见？

**黄永玉：**从来没有。他对别人老说我好，但当面从来没有讲，也不会提什么意见。他总是亲戚朋友的好，像是他自己好一样。他讲给别人听，他喜欢讲。他哪个认识的人，（总爱说）这么好啊，汪曾祺啊好啊。他会这么讲。回凤凰是我拉他去的。我的婶婶要他去他都不去，叫我拉。我拉他真回去了。真回去后，我说，再去一下。那个时候他病了，我说快点好，好了再去。他拉了我的手：真多谢你，要不是你强迫我去，我就再也回不了我的家乡了。我说再去一下，再去时我们找一只木船，我们从常德上船，然后往上走，一直走到麻阳，再也不能走了，船上不去了。他说那曾祺去才行，我说好了。我没有想到让曾祺去，我说那曾祺不错，你看还有谁。他说，人也不能多，那些人讲话，我们不想听，他不停地讲。

**祝勇：**1988年那次（回）去，您没有带摄像机吧？

**黄永玉：**有，在香港有（录像带），一盒一盒，很多。他怪脾气，明明是一个很适于照相的时候，来个这个（做手掌往前推的动作），板脸孔。有一次在美术学院，人家很尊重他，他当时在历史博物馆工作，没有政治地位。他的学生，这是一个很有修养的学者，特别给他安排一个讲课，两三个钟头的讲话，把他喜欢的那些锦缎挂起来。他高高兴兴地去，一看一个摄像机在那里，就是拍电影的。这是干什么？我不照了，我不照了。真的走了，不讲了。

**祝勇：**您香港的录像带很珍贵，（20世纪）80年代时摄像机还特别少，拍他活动的资料很少很少。

**黄永玉：**我们在沿凤凰的河流里面坐船，还有很多老乡听到他回来了，民间的剧团（那个时候还没有剧团），都跑到我家来，因为我回家他们也来。听说他来了，有的还从八十里外赶来，唱戏，唱给他听。锣鼓一起来，他听着听着就哭了，哭了就进去，擦眼泪，坐在我以前住的那个屋子，擦完眼泪又出来；出来又听，听了又进去。我就想为什么哭？并不是戏的艺术感动了，是这个情调把它同历史联系起来了。

**祝勇：**他有那么多年没有听到家乡的戏了，您跟他对凤凰的感情是否一样？

**黄永玉：**我不知道他的感情怎么样，我不清楚，他行动上没有常常回去呀。但是常常回去并不等于就是有感情。他回去得少，但是他的作品里面都是写家乡的嘛。

还有，我的着眼点同他的又不一样。人家说我回凤凰就是画画写生，搞这个，也不是这样，是一种艺术活动。譬如说我发现一个染匠，他的布染坏了，有厚有薄。怎么会形成这个？它浆汁稀了，有的浆汁厚就染得好，哎，如

黄永玉与祝勇，2018 年，逄小威摄

果我又是用稀的又是用厚的画一张画,不是就有厚薄了吗?试一试,试一试就形成这么一种在画上画画,跟印花布画一样的东西。他不会从这个方面去考虑。

**祝勇:** 在凤凰沱江一处河滩,您曾去野炊,结果,凤凰人跟着您学,那里形成了一个旅游点了。

**黄永玉:** 现在完全搞乱了,没有意思了。反正这方面我开风气之先,总给它提点一下。

**祝勇:** 1953 年您回北京见到沈老时,他精神状态怎么样?

**黄永玉:** 1950 年回来与 1953 年回来情况不一样。1950 年他还在历史博物馆,当然受了很多精神的蹂躏,这个说说他,那个说说他。很孤独。1953 年是具体化了。他到"革大"学习,"革大"学习思想上距离还是很大。他总想去钻钻空子,譬如说,带点好茶,带把小茶壶,请"革大"在学习的(学员)有空来喝茶,这、这、这,你这个时候还搞这个东西。这一类的事情弄得比较狼狈,也很紧张。那个时候越学习越恐惧,学习的东西他都不知道的,譬如《联共党史》,

学习了很多这类的东西。

1950年我刚刚到就住在他家。有一个青年很傲慢——对他好的，能谈问题的，（就是）很傲慢——公然就躺在他的床上，两只手靠在床架子后面，说话，鞋也不脱。他坐在一张破藤椅上，两个人就这么谈。我想揍他（青年）一顿，这个混蛋，你怎么这么放肆，他说，他是好人，他没有教养，他的家庭教育差，但人好的。

**祝勇：** 他的宽容超过一般人的界限。

访谈时间：2002年10月7日

整理时间：2023年7月

1926

Interviewee

采访对象 _

历史的苦难和自然的伟岸
是俄罗斯人的财富

高莽

但不管怎样，流浪，到民间汲取精神养分，对于知识分子来说是一个好的传统。如果不是出于商业表演，或者其他功利性目的，民间精神必将作用于知识分子的心灵，山川草泽间一切美好的事物，都会使流浪者的精神世界变得深厚和坚定。

Interviewee

采访对象 _

## 简介

高莽，1926 年出生于黑龙江哈尔滨，笔名乌兰汗，中国著名翻译家、画家、作家。长期在各级中苏友好协会及外国文学研究所工作，从事翻译、编辑、俄苏文学研究和中外文化交流与对外友好活动；同时从事文学与美术创作。1997 年俄罗斯总统因其对中苏中俄文学艺术交流做出的贡献授予他友谊勋章。2013 年 11 月，高莽凭借译作阿赫玛托娃的叙事诗《安魂曲》，获得了"俄罗斯—新世纪"俄罗斯当代文学作品最佳中文翻译奖。2017 年 10 月 6 日在北京逝世，享年 91 岁。

　　高莽先生原本住在北京紫竹院附近，离我单位很近，常来常往。有时我下班回家，自行车一拐弯，就进了高莽的家。

　　去年高莽先生搬到了东三环农光里，去一趟就难了，要提前打好电话，以免白白长途跋涉。

　　75岁的高莽先生完成了一件大事——围绕伏尔加河进行一次文化考察。他说，他搞了一辈子俄苏文学，这回算是完成了一个夙愿。

　　2002年1月18日上午访问高莽先生，中午在高莽家蹭饭。

　　高莽，1926年生，著名翻译家、画家，终生从事俄苏文学翻译工作，曾用笔名乌兰汗，译有普希金、莱蒙托夫、屠格涅夫、叶赛宁、布宁、马雅可夫斯基、曼德尔斯塔姆、帕斯捷尔纳克等诗人、作家的大量作品，著有《俄罗斯墓园文化》等专著，出版有《马

克思恩格斯画传》《高莽速写集》等画册，画作被俄、
德、日等国纪念馆、博物馆收藏。曾任《世界文学》
主编，现为中国社会科学院研究员。1997 年，被俄
罗斯总统叶利钦亲自授予友谊勋章。

　　高莽先生虽然毕业于教会学校，但是十几岁便
投身革命。1945 年苏军出兵中国东北后，一直在中
苏友好协会工作，21 岁便完成了剧本《保尔·柯察
金》的翻译。他的夫人孙杰，就是当时在剧中扮演
冬妮娅的演员。孙杰近年患眼疾失明，高莽每天给
她点眼药水，照顾她的生活。老友华君武送给他们
一幅漫画，画的是两只老虎（高莽夫妇都属虎），
一只老虎在为另一只点眼药水，下面的题款是："不
是害羞，是点眼药的恩爱。"

　　2001 年九十月间，高莽先生以 75 岁高龄沿伏尔
加河进行一次旅行。他说，上年纪了，出门越来越
困难了，这次，算是实现了夙愿。我们的话题便从
这次旅行开始。

辽阔，自由，呼吸时
也感到轻松

**祝勇：**您这么大年纪了，怎么会想到沿伏尔加河走上一圈呢？

**高莽：**我大半生从事俄苏文学翻译，到苏联（俄罗斯）去了无数次，但大都只去城市，很少去乡村。早年我是以翻译的身份，陪同梅兰芳、茅盾、周扬、巴金等艺术家访问，后来则以译者和学者的身份进行学术交流。但是，要理解俄罗斯精神，不在俄罗斯乡村生活，不与俄罗斯民众交往，是不可想象的。以往访俄多是工作需要，这两年，我有了自己出去走走的愿望，而且现在也有了实现的条件。1999年，我借普希金 200 年诞辰的机会，沿普希金的足迹走了一圈，包括皇村、米哈依洛夫斯克，是普希金流放和辞世的地方。那里还保持着原生态，三个村子，全在保护之列，不可思议。

**祝勇：**俄罗斯的乡村十分迷人。小时候从苏联电影和连环画上看到过，无边的白桦林，春天里泥泞的乡间道路，用整棵圆木筑成的农舍，令人向往。我很小就喜欢俄罗斯风景画，中国美术馆举办俄罗斯巡回画派作品展，我去看了几次，希施金、克拉姆斯科依、列宾、列维坦，都是我最喜欢的画家。看到他们的原作，看到秋天的草垛、冬天的雪原，看到枯枝上的白嘴鸭，还有密林里漏进来的太阳光斑，内心的感触无以言述。我记得有一幅名为《小站》的油画，作者已忘记了，画面上暮色苍茫，一个简陋的小站伫立在雪原上，有一盏矿灯，挂在小站的木柱上，成为画面上唯一的光源，让我在严酷的自然环境中感受到一丝内心的温暖。俄罗斯疆域辽阔，人口也并不稠密，使得大自然的原初形态得以完好保存。俄罗斯国土地理跨度大，气候的变化从北部寒冷的北极直到南部的亚热带和荒漠带，山川河沼错落其间，植被种类丰富，孕育了俄罗斯人独特的自然观和审美趣味，那里成了俄罗斯人的摇篮和墓地，成为他们永久的家园，加之俄罗斯历史上是农业社会，农庄生活成为俄罗斯人日常生活的主要部分，彼得大帝的改革，也只能影响到较大的城市，对乡村的生活方式触动太小了，这使得俄罗斯人对土地、对古老的生活方式有着深深的眷恋。这一点可以从俄罗斯绘画、电影、音乐、文学等许多作品中得到印证，像屠格涅夫《猎人笔记》、契诃夫《草原》这样的经典名篇，其中散布的森林草泽气息，农民、马车夫和流浪者的生活，都感染了几代人。

**高莽：**果戈理写道："我们的没有烟囱的农舍，光秃的原野——这一切在我的心中胜过最美好的天堂。"

**祝勇：**国土的辽阔使俄罗斯人拥有其他民族所没有的空间感，所以他们有着广阔的胸襟和不屈的意志，有着世界上独一无二的民族精神和文化传统。

**高莽：**俄罗斯文学博大深厚，它既来自祖国苦难的俄罗斯人生的遭遇，也来自富饶辽阔的俄罗斯大自然。土地总能给灾难中的民族带来新的生机。没有哪一个民族的文学像俄罗斯文学这样，始终缠绕着对自然、对土地的眷恋。

**祝勇：**这次旅行算是亲身感受了。

**高莽：**我是有意选择秋天去伏尔加河的。秋天是俄罗斯最美的季节，各种植物显示出不同的颜色，搭配错落，十分壮观。去了以后才发现，比想象的还要美一百倍。我曾经以为希施金、列维坦的作品吸收了法国印象派的表现手法，在用色上有主观成分，在领略了伏尔加河畔的乡野风光之后，才发现他们是写实的，自然的颜色就像他们画中的一样。每天早晨醒来，站在甲板上，看到河面上的白雾，还有贴着河面飞行的水鸥，感受到的那份安静，太令人难忘了。白天里的阳光很明亮，岸边的森林是黑色的，这种黑森林在俄罗斯风景画里表现过，我对这种颜色产生过怀疑，在伏尔加河上旅行，发现色调的确有这么大的反差。晚上，在船上能听到钟声，从森林尽头传过来，由远及近。夜里，会看到满天星光。我们是在河上度过的中秋节，俗话说月明星稀，奇怪的是，中秋之夜的天空，繁星闪烁。伏尔加河令人感到生命的幽远和神秘，感觉到自己是宇宙的一部分。

**祝勇：**俄罗斯有很多河流，为什么选择伏尔加河呢？

**高莽：** 伏尔加河是俄罗斯的母亲河，对俄国的形成有着十分重要的作用。它源出瓦尔代高地，曲折流贯于东欧平原，注入里海，是欧洲第一大河，俄罗斯内河航运干道，全长3692公里，流域面积138万平方公里。这里是通往莫斯科的战略要地，有许多古战场，出现了许多英雄，古代的米宁和波扎尔斯基就是从这里发兵拯救莫斯科，17世纪拉辛农民暴动反对封建农奴制，100年后普加乔夫又揭竿而起。沿河有不少历史古城，像雅罗斯拉夫利、下新城（即过去的高尔基城）、喀山（俄罗斯联邦鞑靼自治共和国首府，列宁曾在此求学）、辛比尔斯克（列宁故乡）、萨马拉（即第二次世界大战时的后备首都古比雪夫，在此为斯大林修了很多地下工事）、萨拉托夫、伏尔加格勒（即斯大林格勒，在此举行的战役为第二次世界大战的转折点），我此行的终点是顿河畔的罗斯托夫。

**祝勇：** 俄罗斯是一个命运多舛的民族，在十个世纪的历史上始终充满着动荡、战争与变革。美丽的自然风光弥合着人们精神的裂痕。在帕斯捷尔纳克《日瓦戈医生》一书中，日瓦戈医生临死前，"再次认为……他不是以公认的方式，

而是以同植物王国作比较的方式去设想历史的"。我记得
青年作家彭程曾经说过，相对于动荡、逃亡之类，大自然
体现了永存的、千古不易的秩序。森林的容貌随季节的更
替而变幻，春天鲜绿，秋天枯黄，时时不同，但森林本身
却是不变的。历史也是如此，在种种暂时的变化下面，蕴
藏着永恒的东西，那便是人对于自由、尊严的权利的追求，
是宁静的、符合人性的生活，虽然它们在某段时间会被漠
视乃至粗暴地对待。对于帕斯捷尔纳克，森林，季节，大
自然，成为一条连接人与社会、历史的思考的纽带。从这
种有机的联系出发，他对人类的前景是乐观的，尽管眼前
有太多的狂乱。同前面相比，这里的这种关联也许显得有
些迂曲了，却依然有着内在的逻辑轨迹。

**高莽：**历史的苦难和自然的伟岸都是俄罗斯人的财富。

**祝勇：**伏尔加河也一定造就了许多艺术家吧？

**高莽：**很多作家出生在这一流域，终生描摹自然的奇诡和
人民的苦难，表达对乡野民间的热爱。这当中有冈察洛夫、
奥斯特洛夫斯基、车尔尼雪夫斯基、涅克拉索夫、拉季舍夫、

小托尔斯泰、高尔基、费定等。我们沿河而下，在科斯特罗马泊岸时，看到岸边有一座亭子，剧作家奥斯特洛夫斯基就曾在此写作《大雷雨》；很多画家出生在这一流域，或被吸引到这一带，创作了许多永富魅力的作品，其中有萨夫拉索夫、瓦西里耶夫，以及你刚才提到的希施金、列宾、列维坦等；还有很多音乐家、歌唱家出生在这一流域，并为俄罗斯赢得了世界声誉，像夏里亚宾。

**祝勇：** 您对伏尔加河的迷恋，

高莽绘契诃夫像（局部）

是否受到夏里亚宾的《伏尔加船夫曲》，以及列宾的名画《伏尔加河上的纤夫》的影响呢？

**高莽：** 当然。涅克拉索夫也写过一首长诗《在伏尔加河上》，我记得诗中有这样的句子："一群纤夫，低垂着头，直到脚面 / 腿上缠满草绳 / 脚上拖着草鞋 / 沿着河岸爬行。"高尔基曾写信给契诃夫："此地太美了——辽阔，自由，呼吸时也感到轻松。"我们的终点是罗斯托夫，在那里，我看见一块石头上写着一行字："高尔基曾在此做搬运工。"令人升起无限遐想。

## "诗人"与"民众"的矛盾

**祝勇:** "文化苦旅"在今天已成了一个时髦的词,许多作者加入"行走文学"的行列中。更多的作家还是意识到走出书斋,与民间大地建立联系的重要性,像刘元举走柴达木,阿来、龙冬等走西藏,刘兆林、庞培等走新疆,李敬泽、何向阳等走黄河等,都是怀揣着对民间大地的宗教般的虔敬。记者唐师曾说过,这片土地,你只有一寸一寸地爬过,才能算是走过。

**高莽:** 俄罗斯人天性喜欢流浪和寻找,像你说的,巨大的疆域培养了俄罗斯人的空间感,支撑起他们的精神空间。他们喜欢在自我放逐中体味人生的痛苦与欢欣,在躁动不安中期待突破现实的规范。他们希望人生与天地自然地融合，而不喜欢小布尔乔亚的市民生活。只有在民间，才能体会俄罗斯人的民族性格。

**祝勇：**别尔嘉耶夫曾在《俄罗斯的命运》中对此有所论述。他说："在俄罗斯人民中间，唯有那些不过分地为尘世利益和尘世幸福的渴望所吞噬的人，才能真正获得精神的自由。俄罗斯是一个非常自由的国家。这种自由是那些被小市民习气束缚住了的西方先进民族所陌生的。唯有在俄罗斯才没有资本主义礼俗的绝对权威，没有小市民家庭的独断专行。精神极为轻松的俄罗斯人能够克服一切资产阶级习性，摆脱一切习惯的东西，一切程式化的生活。对俄罗斯而言，一个漫游者的形象是那么富有个性、那么光彩照人。漫游者是大地上最自由的人。"别尔嘉耶夫说："俄罗斯民族的伟大和它对最高生活的使命都集中于漫游者的形象上。漫游者的俄罗斯典型不仅在人民的生活中，而且在文化生活中，在知识分子精英的生活中也找到了体现。在此，我们熟悉了不依附于任何事物的精神自由的流浪汉，寻找无形之城的永恒旅人。"

**高莽：**俄罗斯知识分子有与民间相结合的传统。

**祝勇**："到民间去"好像是巴枯宁最早提出来的。

**高莽**：是的。俄罗斯知识分子分成两类，一类是从底层出来的，像高尔基，创作中一直缠绕着底层体验；还有一类来自中上层，他们对民众的苦难心怀怜悯，对自己的出身感到良心不安，他们通过走向民间，与底层民众相结合来真诚赎过。我记得马克·斯洛宁说过，"为人民服务"已经成为一个悔过的贵族的口头禅，贵族出身的理想主义者经常与中下阶层知识分子混在一起。他们虽然出身有异、心理动机有别，但他们仍然能够共同致力于"到民间去"，他们希望借此消除俄国历史上的基本罪恶。为此，克鲁泡特金亲王成为刷墙匠，莫斯科都督之女索菲亚·皮罗夫斯卡雅在奶酪厂做工，还有更多的人下乡与农民住在一起。

**祝勇**：五四以后，中国知识分子也走过这条民间之路，比如梁漱溟的乡村建设。而你所说的这种悔罪赎过心态，巴金等人都表达过这样的忏悔，从而（主动，或者被动地）认识到"知识分子与工农群众结合"的重要性。还有很多知识青年上山下乡，广阔天地炼红心。这些知识分子，与庄子、陶潜们物我两忘的自然观不同，而是有着鲜明的社会功利目的，改天换地去也。

**高莽：**那是因为他们没有摆好自己和民间的关系，甚至由于社会功利目的过于明确，主题先行，其手段与目的，在政治口号声中剥离了。这样的结果同样发生在俄罗斯民粹主义者中，实际上，他们的集体牺牲收效甚微。民粹主义者们彼此没有联系，老百姓对他们态度冷淡，甚至敌视他们的宣传。普希金也曾在他的诗中写到"诗人"和"民众"的矛盾。有人说，在背叛了一个阶级之后，俄罗斯知识分子又难以成为另一个阶级的知己。这话是准确的。

**祝勇：**这样的困惑同样普遍存在于中国的知识分子中。沈从文、巴金在新中国成立后都真诚地做过努力，但没有成功。其实沈从文就是流浪者、无产者出身，但是在人民眼中他还是"精神贵族"。关于贵族（城市）知识分子在民间的地位及其与百姓的关系，张贤亮的小说《绿化树》，以及一些知青文学作品中都做过探讨。

**高莽：**但不管怎样，流浪，到民间汲取精神养分，对于知识分子来说是一个好的传统。如果不是出于商业表演，或者其他功利性目的，民间精神必将作用于知识分子的心灵，山川草泽间一切美好的事物，都会使流浪者的精神世界变得深厚和坚定。

**祝勇：** 中国古代知识分子一般呈现出两种价值取向——不是向官场靠拢，就是向民间靠拢。李白、杜甫都是靠拢官场而不得，才浪迹于民间。也正是这种在民间的流浪，成全了诗人。官场—知识分子—民间，这是一组三角关系，知识分子的选择，非此即彼。知识分子太容易成为政治的附庸，沦为政治斗争的工具。我认为，知识分子的窗口应当永远向民间敞开，如同古希腊神话里的安泰一样，只有站立在大地上，才是最有力量的。如果将走向民间当作政治运作的一种手段，那么它就变味儿了，与走向民间的真正目的背道而驰了，最终还是成为政治环节上的一颗螺丝。

**高莽：** 当然，这种与民间的结合不能通过政治手段以强制的方法进行，流浪不能变成流放。

**祝勇：** 我认为您的伏尔加河之旅就是一次深刻的自我放

圣尼古拉斯大教堂钟楼，卡亚津，俄罗斯，图片来自视觉中国

逐，与俄罗斯人的精神传统相吻合，而且，继承了中国文人的漫游传统。没有经历过精神流浪的知识分子，很难对民族、对文化怀有一种宗教般的态度。何向阳在"青创会"上讲她参加"走马黄河"社会考察活动的感受，引起了我的共鸣。她说："三个月时间从青海上游黄河走到山东入海口，得以以一种从容的眼光看黄河两岸百姓的生活。黄河是中华民族的发源地，因而北中国在我的眼里代表着文化的中国，行走在这样一块厚实辽阔的土地上，犹如行走在一幅民族底层生活的地图的细部，我选择的点是一个个沿黄河的村庄，也仿佛是走在了自己的心脏，是一次接受输血的过程。"我想，伏尔加河之旅，对您理解俄罗斯文化精神，也同样重要。

**高莽：**可惜来得太晚了。但毕竟有过这么一次，我不遗憾了。

帕斯捷尔纳克的家，
与教堂隔河相望

**祝勇：**乡野风景不会改变，只有建筑留下时间的印迹。伏尔加河畔的建筑，是否也记录了时间的脚步？

**高莽：**从莫斯科启航之后，一进入乌格科奇，就看到很多教堂。苏联巨变之后，俄罗斯首先恢复的就是教堂，表明信仰自由。（拿出一张照片）你看，这是莫斯科救世主大教堂，曾被夷为平地，建成一个游泳场，近年在原址上重建了教堂，恢复了原来的样子。斯大林时代，苏联炸毁了很多教堂，那些教堂不但具有宗教意义，还有不可估量的历史文化价值。帕斯捷尔纳克的家，就与这座教堂隔河相望。教堂被炸毁时，也正是他家庭破碎的时候。

**祝勇：** 苏联时代也有很多建设啊，当然我是指文化建设。

**高莽：** （指着照片）你看，这是伏尔加格勒（斯大林格勒）的马马耶夫高地。卫国战争后，整座大山都变成雕塑了。你知道，斯大林格勒会战是苏德战争和第二次世界大战的转折点，战役进行得异常惨烈，整个城市的百分之九十被毁。为了纪念这次战役，苏联政府把这座山变成雕塑造园，以歌颂领袖的正确领导和全体军民的浴血奋战。沿着山林，建造了层层浮雕和雕像，重现当年的场面，每走一步，视觉画面都会变化。山顶是祖国母亲的雕像，手中持剑，刺向苍天。这座雕像的名字是《祖国母亲在召唤》，从山下各个角度都能看见，但只有走到她的脚下，才会感觉到她是多么高大。后来我查资料知道，她高达 85 米，据说她手中那柄长剑就有 30 米长，人在她下面就像蚂蚁一样渺小。我想起列宁曾有"用纪念碑进行宣传"的指示，看来也很有效。这是苏联主旋律雕塑的顶峰，也是结束。太过头了。

**祝勇：** 倒是雄伟宏观，但是太夸张意识形态色彩，破坏了人与自然的关系。

**高莽：**还是 19 世纪以前的建筑和雕塑相对好些，注重与环境的和谐。俄罗斯政府十分注意保护。在伏尔加河沿途，我还看到许多民间甚至个人的博物馆。

**祝勇：**在您心里，俄罗斯 19 世纪和 20 世纪的文学成就，哪个更高？

**高莽：**当然是 19 世纪，因为它扎根于民间。

访谈时间：2002 年 1 月 18 日上午 10 时至 12 时

整理时间：2023 年 7 月

中国古代知识分子的
历史命运

王充闾

过去总是认为，对历史的认识应当有一种最终的符合客观实际的唯一正确的结论，其实，这是难以实现的。自孔德以来，历史研究中越发强调实证主义、科学主义，固然提高了历史学的科学程度，但也容易陷入教条主义。

Interviewee

采访对象 _

简
介

王充闾，1935 年出生于辽宁盘山，中国当代散文大家、文化学者、诗人。曾任中共辽宁省委常委、宣传部部长，辽宁省人大常委会副主任；中国作家协会第五、六届主席团委员，第七届名誉委员，辽宁省作家协会主席、名誉主席；南开大学、辽宁大学中文系兼职教授。长期从事文学创作与学术研究。作品以历史散文见长，曾获"鲁迅文学奖""冰心散文奖"等多个奖项。

充闾先生长期研究中国古代知识分子，我们在一起聊天时，最重要的主题就是"替古人担忧"。充闾先生文字深沉内敛，尤其在涉及人物悲剧时，落笔冷静克制，这使他的作品更加深沉和厚重。

王充闾，1935年生，辽宁盘山人。出版著作有《面对历史的苍茫》《沧桑无语》《何处是归程》《淡写流年》《春宽梦窄》《成功者的劫难》等，曾获首届"鲁迅文学奖"。曾为辽宁省作协主席，南开大学、辽宁大学的兼职教授。

从政生涯无疑会加深他对传统士人入世传统的体悟，反过来又对出世传统有更深刻的理解。由于充闾先生曾有担任中共辽宁省委常委、宣传部部长，辽宁省人大常委会副主任等职务的经历，圈里的朋友都习惯称他"王部长"。我更多还是称"王老师"，他的人格风范、学问修养，无疑是我永远的老师。

## 历史的认识

**祝勇：**读过您很多历史文化散文，包括近期发表在《当代作家评论》上的《散文激活历史》，我觉得有些问题值得讨论一下，关于散文，或者，知识分子命运。

**王充闾：**我很喜欢"对话"这种形式，特别是与年轻同仁展开对话，也是一种很好的进学修业方式。在西方历史上，"对话体"是最早出现的学术语体。他们通过对话——"个体存在追问真理的一种方式"——去探索重大的学术问题、社会问题，所以，海德格尔索性把它称为真理的"催生婆"。英国历史学家爱德华·卡尔说得更明确："历史是现在跟过去之间的永无止境的对话与交流。"同一话题，不同声音；面临实际，互相问难。那些带有规律性的认识，精微的洞见，往往可以通过对话中的追问、驳诘，得到充实与升华。

**祝勇：** 在您的散文创作中，对历史的忧思常常成为挥之不去的情结。除了您在兴趣上对历史的偏好外，您还发现了逝去的时光对当下生活的意义。您在《面对历史的苍茫》一书的序言中的阐述非常好，您说："历史与文学是人类的记忆，又是现实人生具有超越意义的幻想的起点。只有在那里，人类才有了漫长的存活经历，逝去的事件才能在回忆中获得一种当时并不具备的意义，成为我们当代人起锚的港湾。历史的脚步永不停歇，每日每时都迎来无量数的新事物，又把种种旧的事端沉埋下去。翻开数千年的文明史，我们会看到，人类每前进一步，都曾付出难以计数的惨重代价。不要说汲取它的全部教益，即使是百一、千一、万一，对于社会发展、人类进步，也将是受惠无穷的。"这段话算是对历史价值的精妙概括。我注意到您关于"逝去的事件在回忆中获得一种当时并不具备的意义"的这种说法，也就是说，历史的许多"意义"是今人站在今天的视角上附加上去的，在相隔那么久远的时间以后，谁能保证我们所谈的是"历史"本身呢？谁能够保证今人的解读与当时的人物、事件相比，不会发生偏差，甚至离题万里呢？进一步说，真的有一个"历史"存在吗？

**王充闾：**过去总是认为，对历史的认识应当有一种最终的符合客观实际的唯一正确的结论，其实，这是难以实现的。自孔德以来，历史研究中越发强调实证主义、科学主义，固然提高了历史学的科学程度，但也容易陷入教条主义。

**祝勇：**罗素就认为历史学中的"史实"很难验证，因而它永远是不可靠的；而且，历史学也很难像其他科学那样寻求"因果性"，比如，"偶然性"有时就会在历史进程中发挥意想不到的作用。他在《记忆中的肖像》中说，历史学中的"规律"受时间和空间的严格限制，不像天文学或物理学中的规律那样具有普遍意义，如果依据历史学中的"规律"来预言历史发展的具体进程，非闹笑话不可。他认为，奥古斯丁、黑格尔、斯宾格勒、汤因比等人都雄心勃勃，结果都无能为力。

**王充闾：**自然科学的发展无疑给人类探知过去时代的奥秘提供了帮助，但是，对于人在历史中的活动，除了要做必要的客观考察之外，还必须借助认识主体的自身经验去进行体察。就是说，在认识历史的过程中，认识主体的概念体系和参照系会发生更大的作用。这就决定了即使在同一时代，可以说，有多少个人就有多少种对历史的理解。而且，随着时间的推移，每一时代都会有其特有的通行观念和认识事物的概念体系。通过与不同时代、不同认识条件发生耦合关系，历史会呈现出不同的存在属性，显露出不同的本质。这就引出了两个概念，一是历史的本身，一是历史的认识（或者称作史学）。对于绝大多数的人来说，他们没有可能亲身经历"历史的本身"，只能接触"历史的认识"。其结果必然是，线性的、历时性的历史长卷，展现为共时性的、万景纷呈的复杂画卷。与自然科学的研究更多的是拓展对象的空间层面不同，史学研究几乎全部是发掘对象的时间层面和时间深度。因此，有人说，有多少个"现在"，就有多少部历史，就有多少种史学。事实上，中国古代哲人已经洞察了这一点。孟子说，尽信书不如无书。还说，"以意逆志，是为得之"。所谓"以意逆志"，就是指以主体之"意"推断历史作者之"志"，这是历史理性所独有的思想跃迁。

花间一壶酒

**祝勇：**在您所关注的历史图景中，您把较多的目光投注到中国古代知识分子身上，而且这些人大体上有些相近之处，像庄子、严光、阮籍、嵇康、张翰、李白、苏轼、陆游、李清照等。您为何对他们情有独钟？

**王充闾：**应该说，写作之前，以及写作过程中，并没有一个完备的计划，只是读书、思考有得，有感而发，形诸笔墨而已。可是，结集以后，串起来看，确实觉得有些明显的趋向。一些评论家也注意到了这一点。现在回过头来看，从创作主体的实际出发，结合各位评论家的分析，可以从以下两个方面加以阐释。首先，这是创作主体与感情客体在悲剧意识、忧患意识方面交融互汇的结果。中国古代的知识分子普遍具有浓烈的忧患意识，而在长期的封建牢笼钳制下，他们又总是难以畅怀适志，实现其救世济民的宏伟抱负，最后难免成为悲剧的承担者，李白、苏轼等人是其典型。这固然是群体的悲剧、社会的悲剧、历史的悲剧，但它也充分体现了富有个性、真实的人性情感。写作者在这方面感同身受，进而寄予了深切的同情，于是，便凭借个人的观察、体验，经过主观审美意识的投射、价值观念的渗透，再进行重新打造与艺术加工，反映出强烈的感性化、形象化、个性化的特征。二是源于作者在洞察人生与创作实践中的庄禅情结。

**祝勇：**我记得学者王向峰曾经指出，"庄、禅主旨皆为超脱凡俗，以无为本，不为名利所执，高蹈凡尘之外"。

**王充闾：**这里的"无"不是"没有"，而是体现一种无待、超拔的境界。

**祝勇：**他认为您散文中对人物事件的选择、评价及意义引发上，都体现了这种高出常人一筹的超拔眼光。看来，归根结底，最后还是回到了历史学本身的使命上——为什么会有历史学产生？就是因为人类想要认识自己，人类无时无刻不在关注自身的生存意义。

对于老庄哲学，我没有研究。与许多同期知识分子不同，庄子的思想能够摆脱政治伦理层面，超乎现实利益之外，关注宇宙人生这类没有多少"使用价值"的问题，为中国知识分子确立了一个很高的精神起点，也增加了他们的精神维度，成为中国知识分子重要的思想资源，在认识历史的时候，是借用孔子的尺度，还是借用庄子的尺度，结果大相径庭。而且，《庄子》在艺术上也很奇特，那些奇幻的写法，放在现在，就叫"后现代"。我个人感觉，您在学术研究和创作实践中接受《庄子》的艺术精神的影响比较明显。

**王充闾：**在庄子看来，生命的意义就在于精神的自由，他把身心自由看得高于一切。他追求一种"无待"的也就是绝对自由的精神境界，不凭借任何外在的依托，包括虚名、功业和各种欲望，超越世俗的一切，超越自我。为了更清楚地把握它的精髓，我在学术研究中做到了"三个划分"。

**祝勇：**哪"三个划分"？

**王充闾：**一是就中国传统文化精神来说，把道家同儒家分开。儒家过于看重人在社会中的关系，看重等级地位与调适合作，而不太重视个体存在的自由与真实，习惯以"共性"为前提，而不习惯以"个性"为人生的依据。道家与此相异。道家是充满了形而上思维的，而儒家却绝少涉及哲学问题，黑格尔就否认孔子是哲学家。二是就道家自身来说，把庄子同老子分开。庄周力主发现自我，强调独立的人格，不仅无求于世，而且，还要逍遥于世态江山之外，不为世人所求，浮云富贵，粪土王侯，旷达恣肆，彻悟人生。而老子则是彻底的功利主义者，是一个权谋家、策略家，有人尊他为"中国的政治艺术之父"。老、庄都主张"无为"，老子的"无为"是一种以退为进的策略与权谋，庄子的"无为"是人生的归宿，直接通向艺术精神。庄子本身无意于今天的所谓艺术，但顺着他的心路走下去，自然是艺术精神，自然成就其艺术的人生。

**祝勇：**人们通常对儒、道进行比较，而对道家内部进行比较，也就是对老、庄进行比较，倒很新颖。

**王充闾：**三是就庄子自身来说，把他的消极避世的一面同他的艺术精神区分开，我们崇尚他的人生艺术化和艺术化人生。从人生哲学的角度看，他在中国思想史上的渗透力是巨大的。正是这种生命体验和艺术精神，滋育了后来的魏晋风度，成就了一种超拔的人生境界和心灵状态，开启了源源不竭的艺术资源。难怪美国著名学者希利斯·米勒要说，不懂得道家学说就无法理解中国文学。我在散文创作中，得益于庄子者实在很多。作为一种生命体验和价值取向，庄子的人生艺术化与"乘物以游心"的诗性人生，为我培植超拔、虚静、自在、自适的心态，提供了有益的滋养；而道家文化，特别是庄子的艺术精神，更成为我治学与创作的一种深度背景和可贵的富旷、重要的领域。至于增强了思辨功能，扩展了经过现代化转换的艺术视野，就还在其次了。

**祝勇**：再往纵深方面探讨，当今社会物质文明高度发展，它在带来极大的方便、巨大的进步的同时，也引发了人类生存的危机。对此，许多有识之士都予以深切的关注。有些学者正在研究道家思想与现代文明的关系，设想能够借鉴老、庄的思想文化精神来克服现代文明的异化问题。

**王充闾**：老、庄大力阐扬自然主义思想，提倡返璞归真、见素抱朴，保持人的原有的自然本性，追求精神的宁静与自由，这对协调现代化社会人与自然的关系，保持人的心理平衡，克服现代文明的负面影响，确有实际的作用。

**祝勇：**反过来，再来探讨儒家对于古代知识分子的影响。由于长时期认同儒家的"三不朽"的人生追求、理想，中国古代知识分子的价值取向偏向政治伦理，而忽视生命伦理。古代读书人大多以"修齐治平"为自身价值实现的目标，以"济苍生，安社稷"为己任，他们人生的终极目标是直接参与政治运作，稳操权柄，执掌铨衡，充当幕僚都嫌丢人。他们不像古希腊、古罗马知识分子那样，超乎政治系统之上，关注人生、宇宙的价值、意义，也迥异于中国古代哲人庄子的价值取向。政治运作常以牺牲个性为前提，而文学则首先要求个性的张扬。您在《青山魂梦》中以李白为例论证了二者的矛盾关系。文人常在壮志难酬、怀才不遇的苦闷与激愤中，写出绝世之作，这也从反面证明了政治的垄断地位和文学的从属地位。好像读书人的最高理想是位列三公九卿，而从来不是成为著名作家。连大诗人李白都要说："吟诗作赋北窗里，万言不值一杯水。"当然，他在仕途失意之后，还是从诗酒生涯中找到了人生的归宿。

您在《陈桥崖海须史事》中讲到，杨升庵的彻悟也是产生于政治理想幻灭之后。中国知识分子有着与西方知识分子迥然不同的心路历程。他们对生命本体与大千世界的意义探寻常常源自政治理想的破灭。如果他们在仕途上顺风顺水，他们笔下的"文化"就很可能仅限于对政治进行图解。这充分说明了中国古代的政治结构对文化产生的作用是消极的。

**王充闾：**是的。杜甫不是说"文章憎命达"吗？还说李白，论其本性原是接近于庄子的，张扬个性，视人格的独立为自我价值的最高体现，这和宦海生涯可说是南辕北辙。可是，仕途经济造就的就是"禄蠹"，而他却又不是搞政治的材料，结果四处碰壁，陷入无边的苦闷与激愤的感情漩涡里，产生强烈的心理矛盾。这倒应了"蚌病成珠"这句老话，这种郁结与忧煎，恰恰成为那些裂肺摧肝的杰作的不竭的源泉。一方面是现实存在的李白，一方面是诗意存在的李白，它们之间的巨大反差构成了强烈的内在冲突，表现为试图超越却又无法超越，顽强地选择命运却又终归为命运所选择的无奈，展示着深刻的悲剧精神和人的自身的有限性。亏得庄子的超越意识和恬淡忘我的心态解救了他，使他从貌似静止的世界中看出无穷的变态，把漫长的

历史压缩成瞬间的过程，能够用审美的眼光和豁达的态度来看待政治上的失意，使内心的煎熬暂得缓解；特别是借助诗、酒、名山大川，使他的情感能量得到成功的转移。如果李白不是政坛失意，所如不偶，以致远离魏阙，浪迹江湖，那么，沉香亭畔、温泉宫前，将不时地闪现着他那潇洒出尘的隽影，而千秋诗苑的晴空，则因失去这颗朗照寰宇的明星而变得无边的黯淡。这该是多么巨大的损失啊！

**祝勇：** 仕途被堵死，反而成全了许多读书人专心的哲学思考和文化创造。就像您在《陈桥崖海须臾事》中对杨升庵的评说："从一个方面放弃自己，又从另一方面获得自己的一种价值取向。""从一定意义上说，他的失败正是他的成功。他在仕途上的失败造就了他在学术、创作上的成功，他在物质生活上的损耗增益了他在精神世界上的收获，他以摒弃后半生的荣华富贵为代价换取了传之久远的学术地位。"从文章中可以看出，您很喜欢杨升庵的《临江仙》词："滚滚长江东逝水，浪花淘尽英雄。是非成败转头空。青山依旧在，几度夕阳红。"您说："杨升庵数

《李白藏云图》局部，［明］崔子忠，故宫博物院藏

十年后，作为一个远戍蛮荒的平头百姓，徜徉于山坳水曲之间，以少数派的心境回思往事，料他也会感到，当年拼死相争的所谓'悠悠万事，惟此为大'的皇上称父亲为皇考还是为皇叔的'大礼'，不过是'相争两蜗角，所得一牛毛'，是非成败真的转眼成空了。"

**王充闾：**这也是一种宝贵的生命体验。不过，这种代价也实在是太大了。

**祝勇：**这样看来，道家思想倒像是儒家思想的解药。当入世理想幻灭之后，道家的"花间一壶酒"就能解去功名之忧。那么，知识分子的这种弯路，是否一定要走？是否中国古代知识分子，天生就该经受身世的起落、心灵的刑罚，才能走向彻悟的澄明之境？您所说的这个"数十年后"的杨升庵，已经实现了知识分子的身份转换。他（们）的思想已经由具体的政治技术层面转向抽象的哲学思考层面，不再致力于政争，而是在著述、讲学、学术研究中实现个人价值。您说他"从一个方面放弃自己，又从另一方面获得自己的一种价值取向"，我的理解，他放弃的是官方立场，获得的是民间立场。民间立场对于知识分子是至关重要的，因为古代知识分子多数为"官方"所豢养，必然就走上"学成文武艺，货与帝王家"这条独木桥。由此可见，这个"民间空间"在封建时代是很小很小的。

**王充闾**：这个问题也可以从古代知识分子的独立地位这个角度来看。知识分子在古代是否有过真正的社会地位，亦即能充分体现其基本价值和独立性呢？有过，比如王纲解纽、诸侯割据、群雄并起的春秋战国时期。那时的"士"属于一种特殊阶层，具有特殊作用、特殊地位。当时是诸侯争养士、君主竞揽贤的局面，得士则兴，失士则亡。"士"有很多的选择余地、很大的自由空间，齐不能行其政则之楚，楚不能行其政则之晋，反正是"此地不养爷，自有养爷处"。但是，到了汉、唐、明、清的大一统时期，这种局面就不复存在了。当此之时，宇内一统，政治上层建筑高度完备，特别是开科取士已使"天下英雄尽入彀中"（唐太宗语），大多数士子的人格与个性愈来愈为晋身仕阶和臣服于皇权的大势所雌化，古时曾经出现过的"游士"阶层已彻底丧失其存在条件。这也正是您所说的"民间空间"十分狭小的根源所在。唯一的途径就是隐居避世，采取一种与统治者不合作，以至决裂的态度。

曾国藩的内心世界是
极度枯竭的

**祝勇：** 现在我们再谈谈入仕的知识分子。在这方面，曾国藩是"成功范例""模范代表"，您在《十月》2002年第四期发表的《用破一生心》，写得很有新意，对这个特殊人物有着特殊的理解。

**王充闾：** 不应当简单地从善恶标准臧否古人。过去单纯地从政治功利主义角度诠释历史人物，有很多缺陷。其实，每个人都是鲜活的个体；而且，又无不与当时的社会历史条件相关联。我们可以透过曾国藩这样的"个案"，看清中国传统政治的结构及其对个人的控制和改造。我之所以选择曾国藩作为入仕者的标本，是因为他有极强的代表性。他居京十载，中进士，授翰林，拔擢内阁学士，遍兼礼部、兵部、刑部、工部、吏部侍郎，外放之后，办湘军，兴洋务，兼署数省总督，权倾朝野，位列三公，成为清朝立国以来汉族大臣中功勋最大、权势最重、地位最高之人。作为封建时代最后一位理学家，他在思想、学术上造诣精深，算得上古代一个标准的大知识分子，当世及后人称为"道德文章冠冕一代"，甚至被目为"今古完人"。

**祝勇：**可以说是个知识化、专业化的干部，没得挑了。

**王充闾：**在他的身上，智谋、经验、知识、修养，可说应有尽有；唯一缺乏的是本色、天真。其实，一个人只要丧失了本我，也便失去了生命的出发点，迷失了存在的本源，充其量，只是一个头脑发达而灵魂猥琐、智性充盈而人性泯灭的有知觉的机器人。

**祝勇：**正如您在作品中谈到的那样，曾国藩身上有着极强的复杂性，像多棱镜一样，从不同角度观察，会得出不同的结论。作为知识分子，他儒雅谨慎，生活极度节俭，克制私欲，可说是"克己复礼"的典范；作为政治家，他又极端残忍，杀人如麻。政治家说，死一个人，我们为他哭泣；

死 10 万人，就只是一个统计数字了。可见，政治与人性构成了深刻的矛盾。曾国藩在人格上是分裂的，他具有左右时局的力量，可以改变无数人的命运，可是在历史面前，他却无能为力，他摆脱不了体制的控制，丝毫改变不了自己的命运。

**王充闾：** 历史已经为他做好了精巧的设计，给出了一切人生答案，不可能再作别样的选择。

**祝勇：** 古代知识分子将"修齐治平"列为一己的终身使命，树立起"立德、立功、立言"的终极追求。前面说过，书斋之路，必将通向官场。纯粹的学术知识分子难有自己的生存空间。

**王充闾：** "立言"在"三不朽"中只居最后一席。可见著书立说、研究学术，对于古代知识分子不是最重要的目标。曾国藩 27 岁中进士时，将原名"子城"改为"国藩"。"国藩"，乃"为国屏藩"之意，显然是以"国之干城"自命。同其他知识分子一样，他的人生追求是"内圣外王"，既建非凡之功业，又做天地间之完人，只不过他将此推向极致罢了。

**祝勇**：您在《用破一生心》中写透了、写尽了他的心灵痛苦。

**王充闾**：他力图从内外两界实现全面的超越，那么，他的痛苦也就同样来源于内外两界：一方面是朝廷上下的威胁，用他自己的话说是"处兹乱世，凡高位、大名、重权三者皆在忧危之中"，因而"畏祸之心刻刻不忘"；另一方面是内在的心理压力，时时处处，一言一行，为树立高大而完美的形象，同样是如临深渊、如履薄冰的惕惧。这种苦，和那些终日持斋受戒、面壁枯坐的"苦行僧"不同。"苦行僧"的宗教虔诚发自一种真正的信仰，由于确信来生幸福的光芒照耀着前路，因而苦亦不觉其苦，反而甘之如饴。而曾国藩们则不然，他们的灵魂是破碎的，心理是矛盾的，他们忍辱包羞、屈心抑志，俯首甘为荒淫君主、阴险太后的忠顺奴才，并非源于什么衷心信仰，也不是寄希望于来生，而是为了实现现实人生中的一种欲望。这是一种人性的扭曲，绝无丝毫乐趣可言。从一定意义来说，这种痛深创巨的苦难经验，倒与旧时的贞妇守节有些相似。贞妇为了挣得一座旌表节烈牌坊，甘心压抑自己的生命活力，忍受人间最沉重的痛苦；而曾国藩们同样也是为着那块意念中的"功德碑"，放逐自我，甘做奴才而万苦不辞。

**祝勇：** 如您所说，曾国藩的清醒、成熟、机敏之处令人心折，确是通体布满了灵窍，积淀着丰厚的传统文化精神，到处闪现着智者的辉芒。但是，像其他知识分子一样，他只能通过压抑和泯灭自己的个性来服从于体制。

**王充闾：** 外在的曾国藩同内在的曾国藩存在着巨大的差异。在他身上，透过礼教的层层甲胄，散发着一种浓重的表演意识。人们往往难以分辨他究竟是在正常地生活还是逢场作戏，究竟是出自真心去做还是虚应故事；而他自己，时日既久，也就自我认同于这种人格面具的遮蔽，以至忘记了人生毕竟不是舞台，卸妆之后还须进入真实的生活。其结果，势必造成露骨的矫情和伪饰。连曾国藩身边的人，像幕僚王闿运、今文经学家邵懿辰，甚至左宗棠都批驳过他的虚伪。

**祝勇：** 儒家文化要求人们以牺牲自我为代价，服从于体制。君君臣臣，父父子子，儒家文化制定了精密的秩序，个人永远不可能超越这个秩序。每个具体的人都是整个机器中的一个螺丝钉，封建体制就依靠着一层层的服从来维持其正常运营。这种文化不可能孕育平等精神，不可能张扬人的个性。我常说"大河有水小河满"，为什么从来不反过来想想，只有小河水满，大河才能水量丰沛。在我的常识里，水流应当是从支流流向干流，从干流涌向大海，而不是相反。一个国家，一个民族，只有其中每一个人的个性得到充分的张扬，创造力得到充分发挥，才能有真正的进步。

**王充间**：曾国藩的内心世界是极度枯竭的，始终都在自讨苦吃。入仕之前，为进入官僚系统而绞尽脑汁，备受煎熬；做官以后，更是忧心如焚，永无宁日。更深刻的悖论在于，假若我们承认立功名世、为国尽忠是知识分子生存的前提和价值所在，那么，封建王朝一切建立奇功伟业者，都免不了要遭遇忠而见疑、功成身殒的危机，它像一柄"达摩克利斯之剑"时时悬在头上。这是一种无法摆脱的两难选择。就拿曾国藩来说，扑灭太平天国，是他梦寐以求的胜业，也是他一生成就的辉煌顶点，一时间，声望、权位如日中天，达于极盛。按说，他可以充分享用其胜利成果了。可是，老于权谋的曾国藩并没有得意忘形，他感到了功高震主、树大招风的危险，"郁郁不自德，愁肠九回"，连觉都睡不着了。果不出其所料，因为他用兵过久，兵权太重，地盘忒大，清廷早已把他及其所统率的湘军视为致命的威胁。这个时候，他和他的生死对手洪秀全恰好翻了一个烧饼，当日朝廷赖以"挽狂澜于既倒"的重兵劲旅，于今成了最高统治者的心腹大患。

只谙权谋而没有
思想的工具

**祝勇：** 看来，在封建时代，入仕之途，说到底还是一条死路，它直接通向刑场和墓地。所谓"狡兔死，走狗烹；飞鸟尽，良弓藏；敌国破，谋臣亡"，历来如此。赵匡胤"杯酒释兵权"，算是客气的了。精忠报国，哪里有"国"可报？不过是报皇帝罢了。

**王充闾：** 除此之外，清代的上层知识分子，如曾国藩等汉员大臣，还须面对种族界隔这一特殊的政治环境。

**祝勇：** 清朝统治者始终对汉族知识分子存有戒心。太平军兴起时期，汉族知识分子进入政府、领兵挂帅的比例大增，对清廷来说，也是国难当头的无奈之举，属于权宜之计。

《墨兰图》卷（局部），[南宋] 赵孟坚，故宫博物院藏

满人虽然统治了中国，但他毕竟是少数民族，在全国人口中所占比例不高，而且文化心理也日趋汉化，所以民族界限始终牵动着清朝统治者的敏锐神经。是否让汉族知识分子进入政府、军队，清廷始终左右摇摆。统治者的态度在临界点上，知识分子的脚就在刀尖上。

**王充闾：**一切由剥削阶级当权的国家都不会有真正的民族平等，清代更不例外。开基伊始，努尔哈赤实行"以满治汉"的政策，实施民族压迫。后来，鉴于民族矛盾日趋紧张，皇太极开始对满汉民族政策进行调整，主要是扩大"以汉治汉"的范围，但在重要方面，仍然未能跳出"以满治汉"的窠臼。入关前后，一度以吴三桂降清，合力追击农民军为标志，实行满汉统治阶级联合的策略。中期以后，标榜满汉民族平等，比如在官吏设置上，凡高级职事（大学士、尚书、侍郎等）都是一满一汉，但高级官吏中满人的数量还是多一些。清朝设军机大臣前后共 183 年，其间有 27 人担任过领班（俗称"首枢"），4 人为亲王、15 人为旗人，任职共 146 年，8 人为汉人，任职共 37 年。即此也足以看出在统治者中上层满族知识分子地位之高。

**祝勇：** 其实，当时的汉族知识分子中有再多的人从政，也无非增加几个"曾国藩"。中国历史上是帝王社会，"普天之下，莫非王土；率土之滨，莫非王臣"，这是一种私有制，而且是最极端的私有制，整个国家、国家中的每一个人，都是帝王的财产。不论是世袭的皇子，还是造反的英雄，一旦登上王位，他就成了世上最大的暴发户，拥有了人间的一切。对于这种制度的既得利益者来说，稳定的重要性远远高于进步。他首先需要考虑的是财产的安全，而不是增值。皇王的所谓"文治武功"，都是为维护他的家产服务的。

**王充闾：** 至于封建王权统治下的知识分子，本来他们应当成为人间智慧的载体、创造进步的动力，但是，他们的个人空间逐渐消隐，最终全都纳入皇王爷的"彀中"，沦为只谙权谋而没有思想的工具。

**祝勇：** 我很悲哀地看到，中国古代的历史是沿着从相对自由到绝对专制这条线索发展的，知识分子的一己空间越走越窄，在先秦、两汉、魏晋南北朝，知识分子面对的生存命题相对丰富一些，生存方式相对多样一些，各种生存状态都得到一定的彰显，即使入仕，也被君王另眼相看，像

王充闾与汪曾祺

诸葛亮那样，可以端端架子。这也许与战乱有关。一方面，政治角逐提高了知识分子的地位，所谓乱世思良臣；另一方面，战争与动乱使政治机器的运转受到限制，行政系统失效，给知识分子带来了自由的空间。自隋唐始，知识分子开始受到规范，科举制更将知识分子逐渐纳入主流意识形态。但在当时，至少还有人敢于"天子呼来不上船"。到了明清，简直不敢想象。特别是清代，即使在所谓康雍乾盛世，秘密政治已开始实行，文字狱大兴，其极端程度远甚于秦始皇焚书坑儒（这说明满人统治者在文化上的不自信），知识分子进入最黑暗的专制时期，个人自由完全丧失。清廷在每一个府学、县学的明伦堂都设置一块石碑，碑上镌有几条禁令：第一，生员不得言事。第二，不得立盟结社。第三，不得刊刻文字。有趣的是，这三条禁令，恰好是西方近代知识分子追求的言论自由、结社自由和出版自由，统称"三大自由"。中西政治文化竟然是沿着两条相反的方向发展的，带来的结果自然完全不同。1840年鸦片战争，就是这种差别带来的必然结果。

**王充闾：**同西欧相比，中国传统社会有两个显著的特点，一是严密的身份等级制度，一是以家庭为本位的宗法社会组织。一个人的价值，首先决定于他的身份、地位、等级。在中国传统社会中，人生来就是不平等的。而中国传统政治的实质，不过是家庭管理的延伸与扩大。儒家强调领导者的德性，诱导人们把治国安邦的希望寄托在"明君贤相"身上，这对于维护封建统治，确实是有效的"良方"。近代的中国之所以四处挨打，备受欺凌，这种政治上的专制——人治统治，不能不说是一个重要原因。

整理时间：2023 年 7 月

# 1942

Interviewee

采访对象 _

时间深处的孤灯

刘心武

作家的工作只是通过著述来影响人们的心灵，这是一个缓慢的『浸润』的过程，但它却是一个最彻底的过程。

Interviewee

采访对象 _

简
介

刘心武，1942 年出生于四川成都，中国当代著名作家、红学研究家。曾任中学教师、出版社编辑、《人民文学》主编、中国作协理事、全国青联委员等，并加入国际笔会中国中心。以《班主任》而闻名文坛，其长篇小说《钟鼓楼》曾获得茅盾文学奖。20 世纪 90 年代后，成为《红楼梦》的积极研究者，曾在中央电视台"百家讲坛"栏目进行系列讲座，对红学在民间的普及与发展起到促进作用。2019 年，刘心武长篇小说《钟鼓楼》入选"新中国 70 年 70 部长篇小说典藏"。有《刘心武文存》出版。

只有长期与刘心武先生打交道的人，才能体察到他冷峻外表下的古道热肠。有人说他是一个"有个性的人"，但对晚辈他总能表现出宽容的一面，比如年轻人个性上的鲁莽，或者观念上的偏激，等等。这可能与他曾经从事的两种职业有关——教师，以及编辑。

对刘心武先生的简历，似乎不必作过多的介绍，诸如《班主任》，或者茅盾文学奖什么的。需要稍加介绍的可能是他目前的生活状态。他前两年买了房子，在郊外。他说是乡间瓦舍，我去看了，觉得很美。有一条河，两岸是草坡，没有什么人去，像是人为的布景。那里是刘心武先生的天然画室。喜欢之余，我差点跟他做了邻居。随着居住的"边缘化"，刘心武先生也坦然面对文学的"边缘化"。不再成为新华社电讯的焦点人物，现在的他更加松弛坦然。他一如既往地写他的小说、随笔，谈论《红楼梦》、建筑和足球。他喜欢时尚，在国外对服装的挑选别具慧眼，但这不妨碍他与市井平民的交往。他最看重两类朋友——年轻作家，还有平头百姓。

一个值得重视的
新知识分子群体

**刘心武：** 人们对文化现状的认识总是滞后于文化本身。我最近在美国访问时发现，几家大学的东亚研究所对中国当代文学的研究，最晚近的，到贾平凹、余华就为止了。（20世纪）90 年代出道的一些作家，都没能进入他们的视野。国内的情况固然好些，但是一个新的写作群体或者文化现象，也要经历或长或短的漠视之后，才能逐渐引起注意。"新文人"是世纪末一个值得重视的新知识分子群体，是 20 世纪中国文坛一群姗姗来迟的主角。"新文人现象"也是一个耐人寻味的文化现象，尽管其写作已经充分显示出个性与独特价值，但是距离获得应有的地位，还差得远。

**祝勇：** 所谓"新文人"，是指在 20 世纪最后 20 年中国思想解放、世纪文化空前活跃地碰撞大背景下成长起来的一代兼具学人和作家气质的写作者，主要以撰写具有深厚文化内涵的随笔为主。我曾经为作家出版社主编过一本书，叫《声音的重量——中国新文人随笔》，我在序言中写道："不同于那些'文化大革命'前甚至1949年以前便开始文化学术生涯的老辈文人，他们大都是在80年代的开放氛围里完成学业，逐渐形成各自的思考方式，并在90年代的人文语境中成为不可回避的话语主体的。""新文人"以60年代出生的作家为主，主要有李洁非、祝勇、张锐锋、赵柏田、韩春旭、苇岸、洁尘、杜丽、伍立扬、彭程、凸凹、王开林等。少数出生于50年代中后期的随笔作家，如李辉、孙郁、钟鸣、宁肯等，以及出生于70年代的思想早熟者，因其写作气质上的接近，亦可归入此类。

"新文人"创作最初萌芽于（20世纪）80年代校园文化，顾潜主编的《青春的抗争》（工人出版社）记录了他们最初的姿态。"新文人"近年广泛活跃在各种思想文化及文学艺术报刊上，以其新奇的视觉、敏锐的观察、深刻的思考、犀利的语言、广博的学识、灵通的讯息，冲击着沉闷的文坛，交织着，融会着，激荡着，为世纪末的中国文化注入一脉清新的活水。后来的"新散文"创作群体，

《新青年》同人合影，从左到右依次为刘半农，胡适，陈大齐，马裕藻，钱玄同，周作人等

就是从"新文人"发展出来的。1998年云南《大家》杂志、北京《人民文学》先后推出"新散文"专栏之后，"新散文"创作已蔚为规模。

**刘心武：**时势造英雄，你们这一批"新文人"得益于世纪末较好的学术与教育环境，以接受过完整而系统的教育区别于以往几代作家，并凸显于文坛的。"新文人"无一不从小学到大学顺顺当当地一路走过来。其中许多人还是双学位、硕士、博士，有的留过学，对中国古典，不是凭爱好接触过，而是系统地上过课、考过试；又基本上都通一门外语。20世纪前半叶，一些作家获得过这样的成长机会，而这些对于我们这一代作家，乃至稍后的知青作家，甚至再晚的王朔这一代，都是可望而不可即的。王朔还因此产生了浓厚的"非知识分子"情结。不是我们不好学，也不是我们不聪慧，是时代的大门把我们关在了外面。

**祝勇：**这的确是一个显著的事实。昨天我与牧惠先生的谈话，也涉及这一点。他说："你们这一代作家最大的优势在于形成了合理的知识结构。"我答："不，你们的旧学功底，是令我辈望尘莫及的。"牧惠先生答曰："我没读过多少书。年轻的时候忙着搞'动乱'，后来想读书了却又无书可读，从白到黑政治学习，写思想汇报，下放改造。我真正读书，是在干校后期。我们这一辈许多人都跟我一样。"

## 从理性的层面出发

**刘心武：** "新文人"的创作从一开始就显示出其特有的气质。你在《声音的重量》的序言中写道："当下中国随笔并不缺乏老年人的沉稳和小女子的柔媚，独独缺乏少年中国的锐利气质和思想力度。"这一点我是同意的。（"新文人"）以人性的目光关注着纷繁复杂的当下现实，努力开拓民间话语空间，充分表现出年轻的中国知识分子特立独行的一面。

**祝勇：** 北大是中国自由主义的发轫地，北大韩毓海在《关于贝娄的〈赫索格〉》一文中说："（《赫索格》）告诉我们自由主义是最后的东西：不走极端，不作预言。"

**刘心武：**多少年来，人们的思想空间太狭窄了。传统的惯性和思想上的懒惰将人们紧紧地束缚住，他们被一道无形的、冷漠的墙壁隔绝着。知识分子渴望进行坦诚的交流，渴望聆听异己的声音。"新文人"日益强化的生命意志，作品中流露出的个性之音，恰好填补了当前中国文化精神上的某些空白。

**祝勇：**"新文人"随笔介乎现实关怀和学术关怀之间。有情感的冲动，发人未发之先声，亦有学理上的沉着，独守着"时间深处的孤灯"（伍立杨语），专注于冷寂的书斋；有孤愤，亦有闲适。很像弘一法师的绝笔所书的"悲欣交集"。"新文人"身上承载着鲁迅传统和胡适传统的双重投影，在人格上具有现实关怀与学术关怀的两重性。有趣的是，这批人能够将这两重性交融在一起，固守着知识分子的终极理想，肩负着思想启蒙的历史使命，其文字努力地冲击着现实的困囿，传达出"金石般的心灵之声"……

**刘心武：**你们在这方面的成就，已经使你们获得了文化上的"符号价值"，如同那些上了些年岁的知识分子，如邵燕祥、牧惠、何满子、严秀、陈四益、蓝英年等，因其对民间话语空间的拓展而获得了"符号价值"一样。同是痛陈社会现实之弊端，抒发中国文人凛然之气，新老文人区别在于，老一辈是由自身经历的切肤之痛而走向深刻的精神内省的，从而写下了诸如《牛棚杂忆》（季羡林）、《狱里狱外》（贾植芳）、《干校六记》（杨绛）、《思痛录》（韦君宜）、《沉船》（邵燕祥）、《龙卷风》（蓝翎）、《大跃进亲历记》（李锐）等痛彻肺腑的心血之作；而"新文人"却从未经历过政治浩劫的苦难历程，相反，在现实生活中，许多人还是游刃有余的胜利者，但是你们是站在世界历史与世界文化的大背景下看待现实问题的，你们是从理性的层面出发的。

**祝勇：**"新文人"的出现，与相对宽松的时代氛围是分不开的。

**刘心武：**中国文化自 20 世纪 80 年代以降真正开始踏上多元之途。特别是 90 年代，中国进入市场经济时代，昔日作家一呼百应的局面不复出现，所谓的主流文化在不断被消解，这反而有利于各种流派的自由发展。你和你的伙伴们之所以在近年浮出海面，正是得利于这样的现实土壤。

北大红楼——中国先进思想和文化的策源地

五四以后至二三十年代，文化空气相对自由，文人的写作
全然取决于心灵的取向，曾经出现过这样的局面，孕育了
一批真正的文人。与你们相参照，他们自然是"老文人"了。
历史同样给你们提供了机会，你们这批"新文人"的出现，
对中国文化的健康发展是有意义的。

**祝勇：**再接着谈"新文人"。前面提到的"新文人"固守
着知识分子的终极理想，努力拓展民间话语空间。然而，
所谓的"抵抗"，也就是"青春的抗争"，只是"新文人"
作品中表现出来的一种姿态，不是全部。在批判现实，反
思历史，"直面惨淡的人生"（鲁迅语）的同时，"新文人"
又不主张激进、盲从。欧洲文明的进化，离不开由文艺复
兴、启蒙运动、浪漫主义等数百年文化浸润，一点一点渐
变到今天。其社会稳定性就强于亚洲。意大利恨不得一年
换上八届内阁，政坛动荡不已，但那只是政客的事，与百
姓无关，社会秩序不受任何影响，社会结构不会发生任何
变异，老百姓该干什么干什么，"我自岿然不动"。政治，
在社会生活中的地位越是消隐，正常人的主体地位（即控
制自我生活和选择个人道路的能力）越是提高，这个社会
就越是合理的、符合人性的社会。今日的欧陆，是人性的

文化一点点浸润的结果，一个悠长缓慢，急不得，也无法省略的过程。

**刘心武**：中国知识分子历来在兼济天下与潜心学问之间踌躇徘徊，所谓"出世"还是"入世"的两难选择，始终缠绕着他们，仿佛一种与生俱来的焦虑，这种焦虑，如同西方的"to be or not to be"（"生存还是毁灭"）一样，是一种彻骨的痛楚。似乎只有到了"新文人"这里，才将两方面有机地糅合在一起，互为所用。知识分子毕竟是社会的良知，邪恶来了，有谁能够将理想与正义当作好看的饰品悬挂起来？同时，他们又力图恢复并重建被一百年的政局动荡打乱的学术秩序，自我修炼成一支有雄厚实力的学术梯队。他们的思想的触角同时向两个方向延伸，互为因果，互相照应。

**祝勇**：周作人先生曾写过一篇《北大的支路》，文中说："'读书不忘救国，救国不忘读书'，那么救国也是一半的事情吧。这两个一半不知道究竟是哪一个是主，或者革命是重要一点亦未可知。我姑且假定，救国、革命是北大的干路吧，读书就算作支路也未始不可以。"孙郁先生在

北京大学国学门同人在三院译学馆合影（二排左一顾颉刚，三排左二胡适　），
1924 年

引征这段话时写道："'支路'，名称确不及'干路'响亮。
但'干路'的宽大，须有'支路'的支撑，这是无疑的。"

**刘心武：**知识分子不能包打天下。作家的工作只是通过著
述来影响人们的心灵，用你的话说，这是一个缓慢的"浸
润"的过程，但它却是一个最彻底的过程。陈平原教授曾

说："文人谈武，武人谈文，而且谈得津津有味，这可不是什么好现象。要不专业分工不明确，要不各自本职工作没有搞好需要别人帮忙，要不全都不务正业越俎代庖。"

我以为，你和你的伙伴们的可爱之处，正在于你们不走偏激，以静制动，将你们这代人的智慧和理性，熔铸成超乎功利的智者的心境。你们有理想，有思想，更有作为，但决不嚣张。伍立杨一句"时间深处的孤灯"，是对你们这批人的最好的诠释。

**祝勇**："新文人"既尊重理想，又讲求理想的可操作性，将"终极关怀"与"现实磨合"有机交融在一起。他们兴高采烈地迎接着社会的现代化与人的现代化过程，同时亦寻找与中国传统思想文化的衔接点，在通往现代化的路途上，拽着"传统"这根红线。对旧日文明的依恋与反思，构成"新文人"的又一主体特征。包括民主思想在内的各种现代与后现代思潮，在中国传统经典中亦可找到范本。

在 "潜心学问"
中带有现实关怀

**刘心武：** 中国传统文化的涧泉洗涤着这批年轻文人的精神，令你们的内心感到舒适与快慰。当然，我认为你们并不是要复古，而是以崭新的视角，重新审视传统文化，并予以翻新，铸造出新意，在中国传统文化中寻找到新的精神家园。这一点儿，有一点像欧洲的文艺复兴，是假复兴古希腊罗马文化之名，表达思想启蒙的真义，是"旧瓶装新酒"。

**祝勇：** 文化有它自身的发展逻辑。你看，尽管"五四"是一场旨在打倒旧文化的革命，但"五四"以来的诸多大师，如鲁迅、周作人、钱玄同、郭沫若、闻一多、台静农、吴组缃、施蛰存等，无一不沉醉于古典文化的余荫里，抄碑的抄碑，考古的考古，静静的灯光下，洒脱的笔迹中，跳动着一颗颗鲜活、忧患的心。孙郁曾说：反古，未必心古，其中有大悲和大欢欣在。不错，人是文化的动物，文化又是经验的集体。人类的一切苦痛和欢欣，都写在历史的旧路里。孙郁还说道：每每想着人类的起源、变迁的历程，想着那些千古之谜，我便对默默地与已逝的灵魂对话的学人，顿生敬意。一部《管锥编》，写着今人与古人交往的智慧，只是在那里，我们才看到了人类心灵洁的一隅。有什么比探索人类奥秘还要神圣的呢？那些耐得寂寞的正直学人，确是我们民族不可或缺的脊梁。

李洁非写下的大量关于先秦思想的随笔，伍立杨的古代文化札记和近来的有关民国史的一系列大文化随笔，等等，都并非"掉书袋"，目的也绝非考据史实，他们的"潜心学问"中，均带有现实关怀的色彩。"新文人"的气质中既隐含着传统文人的侠义之气，又带有其理性主义的东西。在骨子里，与明季、清末、民初的文人，在精神骨血上有着藕断丝连的联系。

**刘心武：**与正在崛起的"新文人"的对现实生活中不合理因素的抗争与批判遥相呼应，一些年轻的文化人——国内有，国外也有——在关于民族思想文化的走向问题上，得出了与"新文人"完全相反的结论。有趣的是，这一批人中，不少有着与"新文人"相似的成长环境与人生轨迹——出生于（20 世纪）60 年代，没有"文化大革命"体验，受教育之途一路顺风，有的更西渡出洋，如今已身怀绿卡，留居西方，其中影响较大的如"新左派"，代表作品是崔之元的《鞍钢宪法与后福特主义》、薪茅的《改革与经纪人》等。"新文人"与"新左派"的平行发展，构成 20 世纪末中国思想领域与文化领域一个奇特的景观。

**祝勇：**社会问题是不能依靠推理的。它不是数学，依靠哪个权威的公式，一步一步地推演，便可以得出一个精确的结论。一些青年学人沉迷于西方的时髦术语与理论中，日益退缩在精神的空壳里，不依赖现实依然可以存在，到头来只能进行一种孤独的、自我满足的话语游戏。只有行走在"吾乡大道"上，一种古老的冲动才能自心底升起，才能触摸到民族的伤口，自觉不自觉地对其未来负起责来。中国的未来，是从中国的历史与现实中脱胎出来的。所谓的"新左派"，充其量不过是 60 年代西方左派运动（如法国的"红五月"，美国的反战运动等）的余绪，一种宗教式的理想主义狂热的历史惯性而已。

**刘心武：**在一个多元话语的时代，坚持自己这一元的同时，与其他元的碰撞是在所难免的。不过，划清元间界限是比较容易的，进行元间争论则是需要耐心与理性，需要明达与宽容。"新左派"与你们"新文人"到目前为止似乎仍是"各自为政"地平行发展，并无冲撞争论。一旦冲撞起来，相信那争论将是充分学理化的，而且，最好双方都能有幽默感。

总之，我以为"新文人现象"使20世纪末较为沉闷的中国文坛感受到一种清新的存在方式——文的存在与人的存在。它既使我们看到旧的话语方式的局限，又使我们感到他们与既往的文化脐带无法分割的血肉联系，是流派纷呈的中国文坛上一个稳健、理智，同时又充满力量和智慧的群体。既校正了部分文人在政治风潮的裹挟之下升起的狂热浮躁之气，致力建设一个健康、自足的文化体系，同时也不忘人间关怀，告别"为学术而学术"的理想，以一支笔滋润天下，实现知识分子的社会价值，捍卫知识分子的精神尊严。

访谈时间：约1998年

整理时间：2023年7月

# 1942

Interviewee

采访对象 _

在艺术作品中寻找美，
发现美，坚持美

冯骥才

实际艺术家的工作本质是什么？

我认为艺术家的工作本质就是在

任何地方都要让美成为胜利者。

Interviewee

采访对象 _

# 简介

冯骥才，浙江宁波人，1942 年出生于天津，中国当代作家、画家和文化学者。作品题材广泛，形式多样，已出版各种作品集二百余种。代表作有《啊！》《雕花烟斗》《高女人和她的矮丈夫》《神鞭》《三寸金莲》《珍珠鸟》《一百个人的十年》《俗世奇人》等。作品被译成英语、法语、德语、意大利语、日语、俄语、荷兰语、西班牙语、朝鲜语、越南语等十余种文字，在海外出版各种译本四十余种。有《冯骥才全集》出版。

冯骥才老师对我写作的影响是蛮大的。我上高中以后，陆陆续续读过他的小说《神鞭》《雕花烟斗》《三寸金莲》《炮打双灯》，等等，他对中国历史和文化传统的关注，他作品鲜明的地域风格和唯美主义倾向都给我留下了深刻的印象。20世纪80年代以传统文化为主题进行小说写作，写得最好的就是冯骥才先生和邓友梅先生。邓友梅先生的代表作《那五》和《烟壶》，我也是上高中以后看的，后来的岁月中重读过多次，至今痴迷不已。

20世纪90年代以后，中国开启了一个如火如荼的全民经商时代，城市改造进程轰轰烈烈，旧的城市风貌被迅速荡涤，许多承载着城市历史与记忆的老建筑（包括老民居）被大量拆除，民族文化与历史的物质载体面临着灭顶之灾，冯骥才老师就在这时开始了他的拯救行动，用他自己的话说，是"落入时代为我预设的一个陷阱，也是一个一般人看不见的漩涡。"

　　我曾在 20 世纪 90 年代参与过对知识分子问题的讨论，还主编过《知识分子应该干什么》一书。当时我与刘心武老师关于知识分子问题有一个对谈，就是收入本书的那个对谈。我在对谈中讲到：知识分子其实是具有现实关怀和学术关怀的两重性的，他们不仅仅是"躲进小楼成一统"的纯脑力劳动者，同时应当具有介入现实的能力，他们的价值不只在于思想，亦在于行动。当然知识分子的行动并非政治行动，而是文化行动，借此履行他们的社会良心与文化责任。像冯骥才老师，不只是思想者，更是行动派，以自己的行动，去抢救濒危的文化遗产。在这个时代里，思想需要勇气，行动就更需要勇气。

　　冯骥才老师的思想力与行动力一直令我倾佩不已。2003 年，我曾为花山文艺出版社主编《文化札记簿》丛书，第一位约稿对象就是冯骥才老师，这才有了冯骥才老师的《思想者独行》一书。冯骥才老师在这本书的序言中这样表露自己："我喜欢行动，不喜欢气球那样的脑袋，花花绿绿飘在空中。我喜欢有足的大脑，喜欢思想直通大地，触动大地。不管是风风火火抢救一片在推土机前颤抖着的历史街区，还是孤寂地踏入田野深处寻觅历史文明的活化石，唯有此时，可以同时感受到行动的意义和思想的力量。"

## 动笔初衷

**朱迅**：冯先生疫情防控期间闷在家里半年，结果闷出了一本长篇小说。这部《艺术家们》中，有三个酷爱艺术的年轻人，听到柴可夫斯基会激动得浑身发抖的那种酷爱艺术的青年。但是跟随着时代的浪潮不断前行，他们有的被商业浪潮所裹挟，有的江郎才尽，有的坚守艺术的初心，每个人的命运都截然不同。冯先生，您动笔的初衷是什么？

**冯骥才**：有很多读者知道我是作家，也有人知道我在做文化遗产保护。实际上不知道我本身是画家。实际在 1978 年写作之前，我画了 15 年，专业画了 15 年。早期画画的时候是做古画临摹，所以我小说里写到了冯忠莲，写到了临摹的事情。

**祝勇：** 我看到冯忠莲的名字，我特别把它划下来。因为是我们故宫博物院的一个摹画的大师，她用 18 年的时间临摹《清明上河图》，您见过冯先生没有？

**冯骥才：** 我知道她是陈少梅先生的夫人，她的画我当然见过，包括你们那儿的《虢国夫人游春图》都是她临摹的。《清明上河图》我临摹了一卷半。先画了半幅，后来又画了整幅。现在我手里只有那半幅，整幅已经在别人手里了。

我做了 15 年的绘画以后，到了新时期的时候完全投入文学了，实际等于把另一支笔放下了。放下的是画家的那种关注，画家的思维，因为画家的思维是完全的一种形象思维，跟作家的思维还不一样。作家有形象思维，但是画家是纯形象思维的。画家是形象思维，画家对生活的敏感，他跟其他任何人都不一样，有非常独特的能打动他的东西，有他对于美的关注，有美的创作的欲望。

**朱迅：** 角度也不同。

**冯骥才：** 对，这些东西并没有消失，心里经常有。而且最重要的就是，他用这样的一种眼光来看生活。还有一个，就是我关注画家的想法，我可能比一般的作家要更关注画坛，更专业地关注画坛。所以我到世界任何地方去，必须去看的就是博物馆和美术馆。我也关注世界的绘画潮流，关注当代绘画的各式各样的思想，关注画家的命运，画家在不同的时代里面的命运。

在（20世纪）80年代的时候，中国绘画一个最大的变化就是画家跟时代融在一起了，那是改革开放的初期。那个时代也是一个充满激情的时代，画家跟那个时代完全融合在一起了。在那个时期，我当时实际也怀念我们（20世纪）70年代那些"草根的"画家。那是精神至上的一批年轻人，他们的想法、他们的生活都非常独特，他们所处环境里的文化是贫瘠的，但他们自己的精神是充满渴望的。所以我当时想写一本书，中篇叫《艺术家的生活圆舞曲》，这是小约翰·施特劳斯一个圆舞曲的名字，想写那么一部小说。后来因为别的原因小说没有写。

**朱迅**：这个起心动念是在什么时候？

**冯骥才**：是20世纪80年代。我觉得作家的工作就是创造

生命、创造人物。当他有一个想法的时候，打一个比方，也不见得正确的比方，我觉得他的精神就"受孕"了。

**朱迅：**这个好形象，他马上就要"孕育"出新的生命了。

**冯骥才：**"受孕"之后他自己并没有觉得，但是那个东西在成长。后来80年代中期我写《神鞭》《三寸金莲》以后，我更关注文化小说。但是同时代绘画的所有的思考，画家的命运这些东西，源源不断进到了这个"受孕"的生命里来。我有时候知道，有时候不知道。有时候想我这小说，有时候就放下，所有的都一样，心里绝不是一部小说，是好些部小说，

冯骥才在美国爱荷华写作中心创作《三寸金莲》关键一稿

同时都在生长。

后来经过二三十年，特别是进入了 21 世纪以来，商品大潮卷入了中国，我们进入了一个商品消费的时代，画家整个的世界观、价值观都发生了变化。不同的画家有不同的命运，我看得实在太多了。不同的画家，他们的命运都不一样。我这个"受孕"的生命就慢慢成熟了。等到它真成熟起来的时候，它就撩拨你的写作的欲望。

我只是没有时间写，因为我那时候在做文化遗产抢救，最近几年来，我好像岁数大了，上楼梯有点困难了。我年轻的时候是运动员，半月板断裂过，我的半月板现在也是断的。所以我 30 公分以上的楼梯上不去了，所以我就在书房的时间多。我在书房一坐的时候，这小说它就找我来了。所以，这就是初衷。

**朱迅：** 不是我们去找文学，找人物，找故事，而是它们来找我们，它们要出生，这样的一个过程。这个《艺术家们》的名字是怎么来的？

**冯骥才：** 我写的是一群艺术家，（20 世纪）70 年代没有精英文化，他们在那个时期默默无闻，到了 80 年代之后，他们有的人就变成了一个社会知名的艺术家。

当然，我这里写的艺术家还有更广泛的意义，不仅是有画家，也有音乐家，有其他的一些人，都是一群年轻人。在天津这个城市里面，特别是老租界区的一个城区里生活的一群年轻人，我对他们非常熟悉。

**朱迅：**这个名字也是写着写着冒出来的，还是一开始就定了这个题目，文章流淌出来的？

**冯骥才：**自然而然就出来了。在我眼里他们就是一群艺术家。

**朱迅：**所以整个这本书是一个自然成长的过程，它们来找你的一个过程。祝老师，您用一天半的时间读完这本小说，我想问一下您印象最深的、感触最深的是什么？

**祝勇：**读这个小说首先它特别流畅，我拿起来就放不下，一定要一气呵成，我想冯老师写这个小说的时候也是一气呵成的，气脉特别贯通。看完这个，这里面有很多细节让我特别感动。

我先不说细节，我先从大的角度上来讲，我觉得冯老师在写这个小说的时候，他有一个横坐标、一个纵坐标。横坐标是什么？横坐标是这哥儿几个，大家的起点都差不太多，就是刚才冯老师讲的，在 70 年代中后期这些"草根"的艺术家，到改革开放以前，他们在小的俱乐部，在小房间里面偷偷摸摸看外国的画册，实际上这几个艺术家小兄弟在艺术上的起点差不多。随着时代的变迁、时代环境的变化，每个人选择不同道路，到最后的结局，我们看到小说最后的时候，每个人的结局大相径庭，都不一样，这个落差特别大。

几个人在时代的大潮中并行，它是一个横坐标的互相对照的关系。我在博物院工作，所以比较关注书中写到的美术史和我们的传统文化的这样一个背景。我感觉冯老师在写作这几个人的命运的时候，隐隐约约把我们中国传统文化和传统美术的这样的一个精神背景铺垫在这几个艺术家的后面。比如说，我对书中的一个词特别敏感，就是"文人画"。"文人画"，冯老师在小说里面几次提到，他通过艺术家们相互的对白来讲"文人画"。

"文人画"是中国传统艺术史上一个重要的概念，这个概念在现在或者说在当代已经非常稀薄了。什么叫"文人画"？简单地讲，"文人画"就是文化人画的画，绘画的作品和一个人的文学修养、文学造诣是分不开的，不是一个孤立的艺术门类。比如说现在故宫比较火爆的就是苏东坡的大展。苏东坡的画就是"文人画"的一个代表。苏东坡是中国绘画史上非常重要的人物，但他不是一个职业画家，但他在艺术史的作用比许多职业画家更加重要。为什么"文人画"在宋代达到了一个很重要的高峰，以苏东坡为代表，就是因为他们自身的人格和修养到了一个很高的水准。所以，这个小说中隐隐约约牵连着"文人画"的传统背景。把这几个人物附着在传统的背景之上。今和古也有对比，所以我觉得小说在定位这几个人的时候有一个横坐标的概念，不同人的不同的选择，不同的命运。性格即命运。每个人的命运到最后都挺令人感慨的，都不一样。

这本书的纵坐标，是它也牵动着中国绘画的千年的精神史。所以，我是这样的一个感觉，《艺术家们》有一个横坐标，有一个纵坐标。

## 审美与审丑

**朱迅：**我印象特别深的一个画面就是三个人在那个小屋子里，听到柴可夫斯基，看画册看到梵·高时候的那种澎湃的激情，曾经的梦想的影子，那个是跟艺术的初恋，于我来说是会有这种怦然心动的感觉。一瞬间，画面会撞向你，就会砸向你阅读的这些文字。我想很多爱艺术的年轻的朋友，也许在字里行间会发现自己曾经的那个梦想的影子。也许被生活、被琐碎磨平了棱角，但是看到您的这些文字后，那些画面又回来了，回到心里来了。

冯先生前一段时间在上海开了一个《艺术家们》的研讨会，三个多小时，您曾经说过，作品一旦交到读者手里，这个话语权也就交到读者的手里了，就不是在作者这头了。在研讨会上，您听到的这些反馈当中，什么最意外，什么最感动您呢？

**冯骥才：**我听到一个评论家谈到一个问题，这是我没有想到的，他从文学批评、当代文学的角度，谈了一个观点。他说可能是因为我们现在的文坛对于丑的东西、审丑的东西给予一些过多的宽容。这个宽容实际是游离的，因为审丑的目的实际上不是展览丑，审丑的目的还是让人认识丑。因为越把丑认识得深透，实际是真善美追求的另一面，必须认识丑。他说他感受到我在追求写中国人心里一些高贵的东西。这个是我并没有想的。原来我自己写小说的时候没有想，我后来想，我是不是在小说里有这样的一种潜意识，在有意识地追求写美？

后来我想，什么是美？对艺术家来讲，美不是一个表面的东西，首先美是"真善美"放在一起的，实际艺术家的工作本质是什么？我认为艺术家的工作本质就是在任何地方都要让美成为胜利者。那么，我们想让读者去感受美，同时要让读者去认知丑，这是作家一致的追求。所以我们提倡真善美，批判假恶丑，这也是一致的。但是，我写这个小说的这些人物的时候，更倾向于写他们心里面的一些很崇高的东西。这确实是我心里的一种东西，我自己并

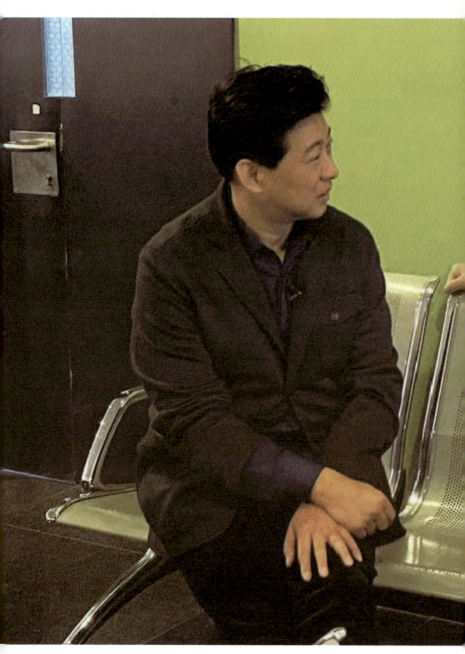

到天津看望冯骥才先生，2020 年

不自觉，是评论家说出来的。

**朱迅：** 这个有意思，真的很有意思，其实您在潜意识当中是描绘那些高贵的品质。我借着这位评论家的话想问您，您也曾经说过，您说您把审美的很多东西留在了您的画卷里，你把一些审丑的东西保留在了文学作品里。这部作品您是用两支笔写的，一支是钢笔，一支是画笔，您想在作品当中展现的美的东西是什么？又有哪些审丑的东西在作品当中流露出来？

**冯骥才：** 你这问题问得很好。我觉得美就是我写这些艺术家，比如像楚云天他们这些艺术家，他们心里面的光亮，他们不见得是成功者。我的小说里面，有人说我最推崇的一定是"楚天云"。实际上，我心里边最推崇的并不是楚云天，小说里面的一个理想极致是高宇奇。在高宇奇那里，楚云天看到了自己心里理想化的、很神圣的东西，像对偶像一样对待他。这才是我小说里头追求的，也是我们所熟悉的一些特别好的艺术家或知识分子所追求的东西。

　　所谓丑，我觉得是，我在80年代也写过审丑，比如《三寸金莲》，那个小说赤裸裸写了审丑，也写了丑。但是我的小说里面除了丑之外还有一种东西，我曾说过，美的第一敌人不一定是丑，美还有一个敌人是俗。那么俗是哪儿来的？我认为俗是庸俗社会观、财富观带来的。我们进入市场经济的时候，有一种东西弥漫了我们的社会，腐蚀了我们的灵魂，腐蚀了艺术家的高贵的品质，这种东西就是庸俗的社会观，就是庸俗的价值观。它瓦解了或者打垮了很多艺术家，也打垮了我小说里面的许多艺术家。他们本来是有激情的、才气纵横的艺术家，却被打惨了甚至于毁灭了。近二十年，尤其我们的艺坛上，我看到很多的艺术家，在庸俗社会观的面前变成了弱者。所以，这样的东西是我小说里面的丑，是我必须让读者看明白的。所以我书里边楚云天和拍卖行的老板有一些关于画的本质的辩论。

**朱迅**：这是内行人才能写得出来的辩论。

**冯骥才**：这个辩论就是关于价值的辩论，关于艺术的价值的辩论，这个辩论跟我的人物的命运又紧紧捆在一起了，放在一起了。实际我是让读者明白，我们这个时代里面，我们艺术家所面临的东西不完全是丑。如果真是丑恶的东西，邪恶的东西，我觉得他们的抵抗力没有问题，但是对于俗，他们不见得能抵抗，因为俗里面还有很大的诱惑，包括财富的诱惑。我们的很多艺术家能够抵挡压力，但是抵挡不住诱惑。因为抵挡不住诱惑，他们原有的艺术理想就崩溃了，他们走向歧途了，不那么高贵了，不再精神至上了，这也是我觉得特别悲哀的一点。但是我不仅仅把悲哀给了这些艺术家，我还把这个悲哀给了高宇奇，我觉得有点残酷。我写了这个理想的艺术家，但是又让这个艺术家毁灭了，在一个不幸的车祸里毁灭了。但是我想用这个悲剧来撞击读者的心灵。

**朱迅：**不残忍吗？

**冯骥才：**有一点儿残忍。

**朱迅：**您给楚云天宽容了，对他的处理就不同于高宇奇的悲惨命运。

**冯骥才：**我把宽容给了楚云天了。写小说的人是这样，一般来讲写了三分之一以后，之后的内容不是你拉着小说人物走，而是小说人物拉着你走。这时候小说人物都有个性了，你想让他这样，他偏不这样，有的时候他要跟你较劲。小说家在写小说的过程中，每个人物在写作过程中都有无数的可能性，绝不是想好了写的。有无数的可能性，这个可能性按什么规律走？按人物本身的性格，按他的观念去走，按他的理念去走，按他的个性，按他跟周围人的关系，还有时代的关系走，这也是命运的一部分。我写这小说到最后的时候，写到楚云天最后，隋意离开他，到了结尾的时候，我写到最后一天。实际我想了好几个结尾。原来我想，狠一狠心，再让楚云天的内疚深切一些。我曾经想了一些办法，想让楚云天是一个悲剧。但写到最后结尾的时候有了另一种想法。

一是我有点怜悯我这个主人公了，还有一个，我小说里面理想的、我向往的光明终究还在楚云天的心里，我还要给这个人物明天。这时候我觉得我宽恕他吧，所以我让隋意回来。我给他一个简·爱式的结尾吧，让女主人公回来吧，给他一个温暖，给他一个安慰吧，所以我就想这样的结尾。

我们艺术家如果坚持自己的纯粹的、真正的一种理想主义，在这种商品大潮里面确保坚守自己的精神至上，会很艰难。实际上，我想把这些内容都搁在我的主人公的身上。

**朱迅：**正好我也看到了读者提出的一个问题，是接着您刚才讲的顺下去问，在您心中，什么是真正的艺术家？真正的艺术家考虑的核心问题应该是什么？

**冯骥才：**真正的艺术家，好的艺术家，首先我认为他们绝对应该是有才华的，有很强的发现美的能力。他们所谓发现美，不是任何人都能看到的美，是他首先发现的美，独特的美，他一定有非常高的品位。因为有这样的品位，有这样的眼光，他对于生活的敏感也跟常人不同，他们有独特的思维方式。另外，艺术家要有创造性。这些都具备了，但是还不够。更重要的，我觉得艺术家应该是精神至上的，应该有奉献的精神。

**朱迅：**也就是您刚才所说的高贵的灵魂。

**冯骥才：**对。我觉得我们不仅是时代需要这样的灵魂，艺术家需要这样的灵魂，对于我们的知识分子而言更需要这样的灵魂。

**朱迅**：祝勇老师呢，您认为什么是真正的艺术家？

**祝勇**：我觉得真正的艺术家他不是被时代的潮流带着走，而是他应当有高于时代潮流的东西，甚至于他可能引领时代的潮流。比如说，为什么冯老师在书里面老写到，谈论到古代的"文人画"，像苏东坡那一代的艺术家很多都是这样的人，不是被时代裹挟着走。时代可能给予他们的东西很少，但是他们反馈给时代的东西很多。所以真正的艺术家在这个小说里面，我能感觉到冯先生就把真正的艺术家的理想，放到高宇奇的身上了。但是像高宇奇这样的一个人物，刚才朱迅问到他的命运，冯老师为什么对他那么狠，那么残忍？

**朱迅**：很残酷。

**祝勇**：但是像这样的命运，这样的一个梵·高式的，具有自我牺牲精神的一个为艺术献身的艺术家，在当代的大潮下怎么存活，他的命运又是怎么样的，还真是很大的一个问题。我觉得这个问题还不太好解决。他肯定是附着了像我这样的读者，像冯老师这样的作家，对于当下艺术，对于中国的当代艺术怎么再去延续古人的传统精神理想，怎么再去往前走，怎么再拥有明天。这个明天不仅仅是说楚云天的生活上的明天，实际上是整个中国艺术的明天。或者是绘画的明天，肯定是这个重任在很大程度上是由高宇奇这样的画家来承担的。像洛夫那样的完全遵从市场经济，投入市场大潮，肯定承担不起这样的责任。但是像高宇奇这样的画家，他的未来命运会是怎么样，如果不死的话，也是一个问题。

我觉得冯老师在这个小说里面是很敏感的，首先这个题目就很敏感，艺术家的艺术精神、人文理想，对美的追求，甚至是对于道德的追求，对于人格的追求，在当下这样一个环境当中还有没有意义？然后还有没有延续性，可延续的可能性？好像我们现在的某些环境，是把一切的标准简单化了，就是用货币来衡量。实际上艺术是很复杂的一个问题，不能这么简单地用拍卖价、用货币来衡量这个艺术。但实际上我们这个衡量艺术的标准已经把它简单化了。在这样的环境下，艺术家怎样跟这样的一个系统，或者这样一个市场环境抗衡，去坚守自己的理想？

所以，这个小说里面有上中下几个层面的人在活动。高宇奇是代表着一个理想的，比较理想化的人物。楚云天是有自己的底线，但是他也有弱点。其实我非常喜欢楚云天这个人物。为什么？就是因为他身上有弱点，他有弱点，我觉得这个人他是个活人，他让我觉得特别亲切。我觉得我也有弱点。

**朱迅**：他心里的小九九，我们常人可能都会有一些。

**祝勇**：都有，我也有弱点。我当不了圣人，实实在在讲当不了，但是我心里面有理想，有自己的道德底线。对于洛夫的那一套做法我心里面也会非常蔑视。但是高宇奇他就是个圣人。在他的作品面前，我也会由衷敬仰，看到这个场面我真的是眼泪就下来了。

## 艺术来源于生活

**朱迅：**冯先生有没有一边写，一边流泪的时候？有没有一边写，情感一边被这个人物带着走的？

**冯骥才：**因为我写《艺术家们》，当然不仅写艺术家的思考，艺术家跟时代的关系，艺术家所走的不同的道路，等等。刚才我们思辨了这些东西。实际上我写这个小说也有很享受的一部分，就是写艺术家的心灵生活。艺术家们那些朋友之间的真诚感情，朋友间的患难相助，那些艺术家们本身的单纯，还有艺术家眼里的世界的美。

我这个小说里面写了三个女性，一个是雨霏，一个是白夜，一个是隋意。隋意跟他（楚云天）青梅竹马，这是一种很单纯的、非常独特的、兄妹一样的感情。雨霏这个女孩子是我所经历、了解过的 80 年代的女孩子，这些女孩子她们还有纯精神的一方面，有她们独特的美。但是雨霏作为画家来讲，她喜欢有一点儿蒙眬的眼睛，她是另外的一种美。白夜那个女孩子是聪明的，气质非常好的。

**朱迅：**白夜。

**冯骥才：**白夜也是非常有修养的女孩子，但是她也有功利心。不同的女孩子在这个艺术家楚云天的心里边惹起了很多的波澜。我写这些东西，我觉得很美。

还有我写那些画家，我写那些人跟人之间、艺术家之间的豪情，坦率说，有很多东西都是我自己感受到的。真有这样的艺术家，我也见过。实际小说家在写小说的时候，他的人物，不管多么有想象力，运用的细节都是来自生活的，有些细节他要想象，也是在生活里面产生这样的细节的想象。

另外一个，他一定要找到一些原型，我们现在所谓的原型。原型不见得你写的就是这个人，但一定要找到一个人，你找到这个人你才好感觉他，你感觉这个生命。如果你找不到那么一个人，你没法感觉他，因为他是一个生命，有血有肉的，你是有触感的。

**朱迅：**所以有读者就问您说楚云天是不是您自己？我早上就帮大家问了一下冯先生，我看到20页，我就想，这是自传体小说吧？说的是大冯先生的故事？跟您是同时代，所以所思所想，所苦所乐，什么时候能登上思想的巅峰，什么时候沉入时代的谷底，您是特别感同身受的。这些里面有多少是您自己身上经历过的？

**冯骥才：**这部小说里虽然我用的不是第一人称，但是我是站在楚云天的角度来写的，所发生的一切都是楚云天看的，所以带有一种准第一人称的成分。我这点可以承认，融入了我很多个人的感受、个人的思考。

我举个例子，比如我写楚云天跟日本大画家平山郁夫的对话，还有跟吴冠中的对话，其实就是我跟平山郁夫和吴冠中的对话。我不能随便编造平山郁夫和吴冠中的话。我在90年代初的时候在日本办了一个比较大的画展，是朝日新闻社给我办的。办画展的时候，平山郁夫先生说我的

冯骥才先生在书房拍摄的祝勇《故宫艺术史》书影

画是现代文人画，他是中日友好协会的会长。他主动提出要给我写序，日本他给我出了一本画展的画集。他是日本国立艺术学院的院长，我到学院去见他的时候，我们俩之间的一次交谈。

我从这个角度去写，因为我还要表述，我要让这个思想和我的思想在某些方面要一致，我要通过他的思想，跟这个时代的各式各样的思想思潮雄辩，所以我会不自觉地把我自己的一些生活、一些感受放进去。

**朱迅**：那就连上了。他一定要想象一个人物，想象的就是您自己。

**冯骥才**：但是你不要把这个小说里所有的事都认为是我。

**朱迅**：我看到前 20 页觉得，这是大冯老师的自传体小说吗？后来我看到雨霏出场的时候觉得，不是的。

我觉得您这本书跨越的时代将近有半个世纪的时间，艺术，每一个时代都会打上这个时代的烙印，您觉得我们所处的这个时代会增进艺术什么，又会淹没什么？

**冯骥才：**我不能说我写的是当代艺术家的特别是画家的一个心灵史，但是我写的是这个时代的艺术家心灵的变迁。他们受这个时代的冲击，什么被这个时代、这个社会拿走了，好的东西拿走了。什么东西他们坚守下来了，什么是这个时代给予他们的，激发他们的。这个是我要写的东西。

**朱迅：**我知道祝老师在故宫已经工作了很多年，您面前全都是皇家文化，中国文化最经典、精华、巅峰的部分，故宫这些年变化也非常大，无数次登上热搜，您觉得这个时代会赋予艺术什么，又会淹没什么？

**祝勇：**我觉得这个时代可能是空前未有的，对于艺术家来说，给艺术家的道路选择特别多。所以艺术家们走到了这个时代之后也是个人的选择，命运千差万别。再有一个，艺术家我也见到很多，在我朋友当中，有很多艺术家。像老一代的，比如说像黄苗子、郁风、黄永玉、黄永厚、张仃。然后再晚一辈的，一直到年轻的，很多都是非常好的朋友，我就眼见着不同的艺术家，在这样一个环境里面，每个人的心态，每个人的选择是不同的。我就觉得特别需要这么一本书，把这个时代艺术家所面对的这样一个时代命运，个人的命运里面裹挟着时代命运表达出来。因为我身边的很多艺术家就是小说里面艺术家的这样的选择，每个人都有自己的选择，而且每个人的选择都义无反顾、非常坚决。投向市场大潮的也非常坚决，可能也得到了相应的回报。但为艺术献身的艺术家也是义无反顾的。这个落差非常大，尤其在美术界特别明显，在作家圈里面还没有那么强烈。你就可以看到，表面上是一个道路的选择，甚至是一个绘画风格的选择，但实际上我觉得是每个人对自我的一个设定和他人格的一个抉择。这是挺值得去探讨，去回望，去总结的。这样的一个，从 20 世纪八九十年代到现在这几十年的心灵的变迁。

对于像高宇奇这样的人物，我致以崇高的敬意。我觉得真的是这个时代要允许这样的人物存在，给他成长的一个机会。他就是我们当代的苏东坡。我们应当有我们当代的苏东坡，我们不仅仅是要有当代的什么财富排行榜、多少名的巨富，我们应当允许有当代的苏东坡的存在。所以我也特别不愿意冯老师把他给写死了，我希望给他一个未来。

**朱迅：**我有的时候反而觉得高宇奇是一个悲剧人物，他在永恒的那个地方，他永远在我心里。如果您可能给他另外一个结局，我内心不会那么心疼。

**祝勇：**他是一种召唤，更强烈的一种召唤。

**朱迅：**对，就是渴望，心声。读者还有一个问题特别想问老师，说他看您给韩美林老师写的传记，有一个段落让他至今非常难忘，就是他低下头，用脚尖渗出的血在沙地上画了一只鸡。您记得吗，这是他最艰难的时刻。这本书当中也有很多艰难时刻，想问您，您在艰难时刻，您内心的挚诚是什么？

**冯骥才：**韩美林是我特别好的一个朋友。有一次我们俩聊天，我们俩就讲到艺术家的内心的东西的时候，他跟我讲，他在受难的时候，有一次脚流血，他坐着，那个血就从鞋尖流出来了。他看流出来的血的痕迹像一个鸡的头，他下意识拿脚站在流血的地方就画了一只鸡。我听完这句话特别感动，我就跟韩美林说我欠你一本口述史。后来我就给他写了一本口述史。

他是一个我身边的画家，经常可以见到的好朋友，一个好的画家。但是他一个细节表现了艺术家的本质，在任何的时候，他都是美的一种崇尚者。一般人很难理解的。所以我写小说里的人物，我这样写的时候，我觉得我很陶醉，就是他们生活很清贫，住在很窄的房间里面，他们看着屋子里的光和影是享受的。

他们的财富基本接近于零，但是他们心里边有另外一种东西，有自己的精神生活，有自己的精神向往，有美。所以我后来有一次，在80年代，有一个杂志采访我的时候问我，希望我给年轻人推荐一本外国文学。我说推荐《约翰·克利斯朵夫》，他问我为什么，我说《约翰·克利斯朵夫》这本书和任何作品不一样，他是用艺术家的这种感觉和思维写的小说。我当时举了例子，我说比如他写的一个细节，说小克利斯朵夫工作了一天，拖着疲惫的身子，爬上那个破破烂烂的楼，在楼顶上，他下面是莱茵河，他在陡峭的河岸顶上有一间破的房子，房子里面有一架旧的老的钢琴，他把手往钢琴上放，钢琴的声音一轰鸣，他就觉得心里边热爱的那种大师，朦胧又清晰地接近了。然后他用了一句话，他说"然后是窗外莱茵河的水、乌云"。"窗外莱茵河的水、乌云"不是风景的描写，而是音乐的感觉，是音乐给你这样的感觉。音乐和诗有这样的意境，所有的艺术都没法跟音乐比，音乐的意境是无边的。我说罗曼·罗兰用一种艺术情感、艺术家的思维来写这样的一个《约翰·克利斯朵夫》，这跟任何小说都不一样。

它的好处是什么？如果你要受他的影响，你的心灵就会丰富。因为作家除去社会责任必须遵循之外，还有一个就是让人的心灵更美好，让人对心灵的美，真善美有一种感知的能力。

**祝勇：**我举一个例子，插一个小小的细节。我跟张仃先生特别熟，老到他那儿去，有的时候就住在他门头沟的房子里面。后来他找了一个小学生画画的本子，图画本，拿到一个小学生的毛笔，他就在小学生的作业本上画，画的时候一下子就找回自己。对于像他这样的大画家，一个巨匠式的人物，对于用什么样的笔去画、有没有漂亮的画纸，这一切都不重要。他拿到小学生的本子，一画的瞬间马上回归了自我，马上就觉得特别幸福，这个就是真正的艺术家，他的心里只有艺术，没有别的。

我觉得有的人就是义无反顾投奔市场经济大潮也可以，这是他的个人选择。有的人就像高宇奇这样献身艺术，有的人就说等我挣够了钱，我衣食无忧了，再回过头来搞艺术，这条路我认为是没有的。

**冯骥才：**我同意。

**祝勇：**所以真正的艺术家，刚才你问什么样的人是真正的艺术家，就是我讲张仃拿了一个小学生的画本，一瞬间找回自我。就是冯老师讲的克利斯朵夫，手一放到琴键上，不管在什么环境里面，他马上就回到美的这样一个体系之内，这个就是真正的艺术家。

**朱迅：**回到自己的心灵体验当中。我强烈向大家推荐《艺术家们》这两篇序。如果你想了解艺术，想了解艺术家的话，我觉得这两篇序会给你你心里想得到但是说不出的那些答案。这个就是冯先生的高明之处。

其实我看到您这个序里就说，希望艺术成为年轻人的知己，也希望他们成为您的知己。您想通过这本书跟年轻的读者朋友们说些什么？

**冯骥才：**我想就是说，生活中钱是珍贵的，钱也是重要的，但是有比钱更重要的东西。凡是拿钱买不来的东西都比钱重要，比如爱情，比如友情。我说的都是真正的爱情，真正的友情。比如纯粹的美，比如理想，这些东西，我觉得我们都要把它看得比钱重要。

**朱迅**：真正有价值的东西都是不需要花钱的。也许可以在这几个主人公的身上找到你想找的那个答案。

艺术怎么融入老百姓的生活？我们说让老百姓也能够享受艺术，您作为艺术家，作为艺术家们当中的一员，您跟我们普通的读者说说，怎么让我们老百姓也能够享受到艺术，走进艺术的世界？

**冯骥才**：我觉得艺术它有不同场所，比如今年我出的两本书，一本是《俗世奇人全本》，也是在人文社出的，一本是《艺术家们》。这两本书实际是完全不同的两本书，也是这个城市给予我的。因为天津这个城市跟中国任何的城市都不一样，它有非常本土的津门生活、老城生活。除了这个老天津，还有一个是 1860 年之后产生的一个近代和现代生活的天津，它们是不一样的。当然，到了新世纪，都进入了现代社会，但是这两种文化是不一样的，气质也是不一样的，人物也是不一样的。比如说老天津的人都说天津话，我在老租界里长大的。老租界的人都说普通话。我写的《艺术家们》这些年轻人，都是在我这个生活圈里面的。那么老天津的人生活在老城里面，就像《俗世奇人全本》。我写这两本书的目的是不一样的。

我写《俗世奇人全本》这样的小说，我就想通过一群人，几十个人上百个人，就把这块土地上产生的集体的性格、独特的文化写出来。因为最深刻的文化还是在人的性格里边，把它记录下来，让人们找到这个城市的性格，这是我的目的。

艺术怎么样进入生活？我觉得最关键的还是艺术家所创建的艺术生命进入人们的心里边，这也是作家努力追求的。

**朱迅：**一个个鲜活的人物，如《红楼梦》里面鲜活的人物。

**冯骥才：**因为实际写小说是很难的。小说所创造的人物都是历史上、生活中没有的人物，比如哈姆雷特也好，林黛玉也好，安娜·卡列尼娜也好，祥林嫂也好，阿 Q 也好，这些人物都是生活里没有的。但是作家创作以后，我们觉得好像生活里有过这样一个人。

**朱迅：** 而且就在身边，触摸得到。

**冯骥才：** 我觉得这是作家努力要做的事情。自己拼命要达到的这样的一个地步，但是它很难，比创造生命要难，特别是有个性的生命。

**朱迅：** 要穷尽一生，乃至几代人的心血，去创造一个一个文学作品上鲜活的生命。

**冯骥才：** 但是作家也是幸福的，因为像曹雪芹虽然他人不在了，但是他笔下的人到现在还是活着的，这个作家的精神是长寿的，精神生命是长寿的。你能不能留下这个时代值得让人思考的一个鲜活的、有个性的、能够让人感动的形象，这是作家奋力追求的，也是我们现在提出的，要有文学的高原，还要有高峰。高峰就得要有经典，经典非常重要的就是你要有非常个性的、能够立得住的、能够在生活中存留下来的艺术生命。

整理时间：2023 年 7 月

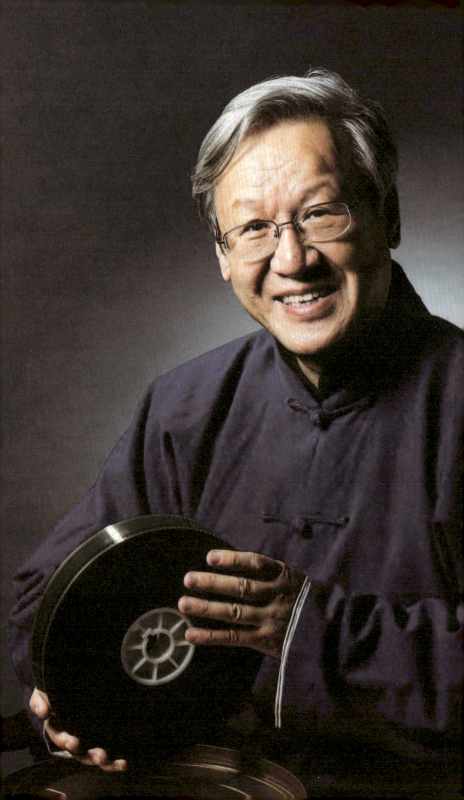

# 1942

Interviewee

采访对象 _

用镜头诠释西藏

谢飞

我觉得西藏的宗教文化和它的历史是非常有光彩的，有它的个性的，这次我实地到了拉萨，参观了很多寺庙，然后接触了一些藏族的文化工作者，所以我很想拍一部原汁原味的，能够把西藏藏民族文化的光彩表现得好一点的艺术品。

Interviewee

采访对象 _

## 简
## 介

谢飞，1942 年出生于陕西省延安，中国著名电影导演、编剧、制片人。1978 年，执导个人首部电影《火娃》，从而正式开启其导演生涯 。其执导的电影《湘女萧萧》《本命年》《香魂女》等多次获得国际国内大奖。2013 年，谢飞获得第四届中国电影导演协会杰出贡献导演奖。2018 年，获得 WeLink 国际电影节终身成就奖。2019 年，获得第三届荔枝国际电影节终身荣誉奖。2022 年，获得新时代国际电影节金扬花奖。

　　谢飞，中国第五代导演的领军人物，曾凭《黑骏马》《香魂女》《本命年》等诸多影片享誉影坛。在这些作品中，有三部是反映西藏的，分别是1991年的《世界屋脊的太阳》、2000年的《益西卓玛》和2010年世博会西藏馆的主题影片《幸福拉萨》。

　　为了这三部作品，谢导曾先后12次来到西藏进行采风和拍摄。而每一部作品的时间跨度都近十年。在这30年里，谢导透过摄影机镜头，见证了西藏的时光变迁。

**个人第一部藏族题材
电影《世界屋脊的太阳》**

**祝勇：**谢飞老师，您是非常有影响力的电影导演，您拍摄的很多影片，对观众朋友影响都非常的大，但是并不是所有的观众，都知道您对西藏还有着一份情缘。

**谢飞：**对。

**祝勇：**拍摄《世界屋脊的太阳》是在什么时候？

**谢飞：**1991 年，所以等于也就是 20 年前了。我实际是1949 年才开始上小学的，对藏族这样一个特别色彩缤纷的少数民族，就一直是很向往。很想去拉萨，但是一直没有那个机会，所以 1991 年，其实这时候我已经是快 60 岁了，当时有一个进修班的导演学生，叫王平，他接到一个拍摄任务，是地质部的一个专业作家写的一个关于西藏羊八井地热电站的电影剧本请他去拍。后来他就说，谢老师你去不去，你来当总导演。我当时就很高兴，因为我怕我再不去西藏，等我年纪越来越大，就去不了了。所以我是1991年第一次去的西藏，接了这个任务。

**谢飞：** 当时羊八井电站已经发电了，拉萨的主要电力是靠羊八井电站，所以我们接到的剧本是一个已经成型的剧本，但是我们也去了，深入了生活，也听到看到一些情况，很受感动，所以我又把那个剧本重新改写成导演台本，实际上，拍一个电影是需要深入生活的，不是像现在搞得这么快，我们那时候是需要作家去体验生活，我们也要去深入生活，拍这个戏我前后大概去了三次西藏。

**祝勇：** 那等于说你们到了西藏以后，也是亲身感受了地热工作者工作的辛劳的。

**谢飞：** 对。这个电影是写新中国成立后，建设拉萨的一个电影。事实上，羊八井电站就是汉族的工程师和藏族的技师工人共同开发出来的。西藏的科学技术上，地热是他们非常重要的一项。在我们国家1990年、1991年的时候，羊八井那个河沟里，念青唐古拉山一片高原上，到处都是井架。一般人看来，就像打石油一样，其实它这是在打地下热水。面对着西藏，这么漂亮的世界屋脊，整个摄制组都很希望把西藏的这种地域上的光彩拍下来，同时把汉藏两族工人那种光辉业绩完美地体现出来。经过拍摄和了解，大家确实很受感动。电影的结尾，那个青年工程师牺牲了，于是他的母亲捧着骨灰盒，走到了青藏铁路烈士纪念塔，我就摇到这个塔，同时加了旁白，这个也是我在那边采访的时候知道的，青藏和川藏铁路是（20世纪）50年代修建起来的，当时修建的时候，牺牲了很多建路工人，现在的铁路两边差不多每隔一公里就竖有一个建路工人的墓碑。为了联结西藏与内地的交通，青藏、川藏铁路有很多人都牺牲了。当时我们去拍摄的时候，另外一个电站，羊卓雍湖电站还正在修建。所以我也是希望通过我们这个电影，把为了西藏的进步，汉藏两族工人的无私奉献，用更形象的东西表现出来。

**祝勇：**片子里边有一个井喷的镜头，那个是你们当时拍的真实的井喷?

**谢飞:** 对,因为当时戏里要求最后有一场井喷,所谓井喷就是打到了一个地热水层的时候,没有控制住,就喷起来,你要不压住它呢,这个矿井肯定就塌陷,也是很危险的,甚至可能会爆炸,你必须把它制止住,然后把那个热水有效地、按你的要求引出来去发电才可以。正好我们也想拍这个场景,但这个怎么拍呢?当时也没想出什么好办法,他们有些建成的井可以做出一些井喷效果,但是不会很大,也可以求助消防部队,用各种水枪来滋,模拟那个井喷的状态。但是还没有做这个事的时候,突然有一天我们正在那儿拍摄的时候,就听说井喷了。

于是我们就赶快跑过去,当时工程队的人都在忙着抢救这个井,我们就跟着拍了很多镜头,像奔跑啊、抢救啊那些。我们摄制组的一些年轻人,包括我们的藏族演员,因为在高原上拍戏,加上剧烈的速度奔跑,有些镜头还要拍个两三遍,大家已经面无血色了,但是效果还是不错的,基本上还是把井喷的过程都拍下来了,特别是我们的录音,整个把轰隆隆的声音都录下来了。

**祝勇：**这一方面，抓住了一些真实的镜头，使这个影片更有真实感，更有感染力。

**谢飞：**对。

**祝勇：**另一方面也通过这样的拍摄，体会到地热工作者工作的艰辛，实际上比我们的摄制组更加辛苦。

**谢飞：**这个戏里我用了一些台词，都是我在当时听到的，就像形容我们地质工作者，从来就是，"开发了荒凉，制造了繁荣，然后我们又走向荒凉"。他们总是到最荒凉的地方去寻找矿藏，开发矿藏，于是造就了一个小城镇，繁荣的城市也出现了。像玉门的克拉玛依的油矿、大庆的油矿，现在这些地方都是很繁荣的城市了，但是地质工作者却马上就要离开，到更荒凉的地方去寻找新的矿藏。所以我拍的这个戏呢，它主要还是主旋律歌颂性的东西，我觉得我一定要把这些汉藏工人的奉献精神拍出来。

所以电影里头有一个细节就是冯恩鹤，他最后由于受伤，眼睛看不见了，但是他随身揣着一张照片，是他的爱人穿着布拉吉的照片。其实他是农村家庭出身，为什么要

电影《黑骏马》拍摄片场照片，后排右四为谢飞，右八为腾格尔

随身带着这样一张照片呢？这是因为地质工作者，每年只有冬天不钻井的几个月才能回家探亲，可是布拉吉是裙子，是夏天才会穿的，所以妻子穿裙子的样子他从来没见过，后来，他的妻子就给他照了一张穿裙子的照片让他随身带着。像这样的细节，都是真实生活中有原型的。所以，我们现在全国很多地方，矿藏的开发、能源的开发都是依靠这些工程师和工人几十年辛苦的奉献才得来的。

**祝勇：**这个片子能够取得成功，跟你们这些摄制组的主创人员付出的努力是分不开的。

**谢飞：**20 世纪 90 年代初的西藏条件还是比较艰苦的。当时没有手机，打长途电话特别困难，我记得我们经常要在宾馆前台排着队，往北京打电话。因为这是广西厂投资的电影，所以要经常跟广西那边联系，但由于当年通信不方便，联系工作非常困难。再一个就是，当时那个高压锅还不太普及，在西藏经常是煮开水 60 多度就沸腾了，然后馒头就蒸不熟，是黏的，很多菜也煮不熟，饭是夹生的，这些都给大家生活上带来一些困难。在西藏有一个纳木错湖，是世界最高的淡水湖，是一个非常漂亮的地方，在那里我们也进行了拍摄。

**祝勇：**纳木错湖。

**谢飞：**1990 年我们去的时候，还不能当天去当天回，所以我们等于是要坐着卡车到当雄山下住上，第二天清晨就翻山进去，到了那儿就下午了，所以我们就要在那里住一夜，我记得当时就两辆卡车，两辆解放牌卡车，我们都带了大衣什么的，大家都睡在卡车上，男一车女一车。藏族同志做了烧全羊给我们吃，一晚上，我印象里都是很大的风声，还有狗叫。然后我们有夜里的戏，就是男主角在湖边，然后藏族演员围着火唱歌和磕长头的戏，这些都要夜里拍。第二天清晨太阳刚升起来，景色比较漂亮的时候，就拍这个男女主角的一段戏。当时史可应该流眼泪的，一说"预备开始"，她就把棉衣脱掉开始拍，她就死活不流眼泪。我说你怎么了，你这中戏的高才生，这点戏都演不好？她就说，"谢老师我告诉你，这个地方简直太冷了，我冻得浑身发抖"，她说，"我根本没法哭"。等于我们是一晚上再加上第二天一上午把这个纳木错的戏全部拍完，然后坐上卡车，再翻山回来。但是大家都很高兴，因为我们在世界上最高的淡水湖边过了一夜，还拍了戏。当时在西藏拍摄的时候，西藏各方面都非常热情，像我们有一场戏是在哲蚌寺那里，远处都是整个拉萨的全景，有山，我就编了一段词，让这个男女主角在那儿一边说，一个大长镜头，就是说，几百年前文成公主进藏和亲，走了两年半，后来松赞干布由拉萨去长安朝圣皇帝，也走了一年多。而现在就是两三个小时，你就能从成都进到这里来，这世界变化非常快，西藏拉萨也发展得很快。

个人第二部西藏题材的
影片《益西卓玛》

**谢飞:** 在拍这个戏之前,我对西藏的了解主要就是通过书,我对西藏的文字,特别是对她的历史和音乐文学很感兴趣。1978 年的时候第一次读到了一个关于六世达赖喇嘛仓央嘉措的电影剧本,我觉得西藏的宗教文化和它的历史是非常有光彩的,有它的个性的,这次我实地到了拉萨,参观了很多寺庙,然后接触了一些藏族的文化工作者,所以我很想拍一部原汁原味的,能够把西藏藏民族文化的光彩表现得好一点儿的艺术品。因为《世界屋脊太阳》还不是写这方面的内容,它还是表现我们汉藏工业建设的一个东西。像仓央嘉措,我一直想表现他,所以一直有这个愿望,后来 1996 年、1997 年我就开始做这件事。

**祝勇：**等于说，您第一次入藏拍这个《世界屋脊太阳》的时候，就萌生了拍摄第二部藏族题材的《益西卓玛》这样一个念头。

**谢飞：**对，因为当时在国际上也有几部关于藏族的片子都是有种诬蔑咱们的情况。

**祝勇：**都是西方人的视角？

**谢飞：**西方人的视角。我们都知道，西藏这半个世纪以来，从一个奴隶制的社会，变成一个现代社会，它的变化是有目共睹的，然后我自己又亲身去了那儿，切身感受到了西藏的巨大变化，所以我特别想通过一个片子，把真实的西藏告诉世人。有了这个念头，我在 1995 年的时候，为了这个剧本前后去了西藏五六次，当然主要就是找作家。我看遍了扎西达娃的小说，最后突然发现了他一个很短的短篇小说《冥》，就是"冥想"的"冥"，他写的八角街的一对老夫妇的晚年生活，同时回忆他们年轻时候的爱情，等等。我觉得那个氛围特别有意思，因为八角街那么丰富的一条街，但是在深入到胡同里头的时候又非常安静，所以我就找到扎西达娃，跟他说咱们把《冥》弄成个电影，再加上我对仓央嘉措的这种喜爱，仓央嘉措的诗是我们藏族文学的一个精华，珍珠嘛，我就形成了用仓央嘉措的诗谱成歌，一直贯穿电影全局的这样的想法。电影中的插曲《在那东山顶上》就是请张骞一作的曲，由谭晶演唱的。虽然这个电影没有全面地写仓央嘉措的故事，但是我把仓央嘉措的诗，通过这首歌，通过这个电影介绍给了社会大众，现在很多人已经开始知道仓央嘉措了。我个人觉得，这个电影呢，除了要把西藏普通人的真实的情感和生活展现出来，同时也要把西藏的历史文化中美的东西、伟大的东西介绍给大家。

**祝勇：** 当时评价这部影片是一个纯粹的藏族电影。

**谢飞：** 当时《益西卓玛》剧本最后定了我们去拍，这个戏呢，我就提出了一个要求，我就拍藏语，我要全部用藏族演员。我在藏族话剧团看到老一辈的一些演员，像大旺堆，他之前演过《农奴》，我请他的时候，他已经74岁，退休了，但是演戏非常稳。演老年益西卓玛的演员50多岁，是上戏第二代藏族班的学员，演过话剧《文成公主》，她也是挺

有分量的一个演员。演年轻一辈的是一个 21 岁的小女孩和一个 22 岁的男生，都是藏族班学员，都还在培养。这样的演员搭配，我觉得非常好，就是基本全部都是藏族专业演员，当年的金鸡奖评选《益西卓玛》获得了最佳剧本奖，扎西达娃上台领了奖，张骞一获得了最佳音乐奖，还有就是丹增卓嘎，获得了最佳女演员特别奖，这也是西藏解放以来，藏族女演员获得的国内电影的最高奖。

**谢飞**：我这次 1999 年去西藏拍摄，感觉跟 1991 年那时候大不一样了。1999 年的西藏已经有手机、有网络了，所以电影中间有一场戏，就在八阔街里头一个最有名的餐厅玛吉阿米拍摄的。

**祝勇**：我去过。

**谢飞**：我有一场戏就是在这里头拍的。益西卓玛的外孙女由北京回来就在那儿上网，周围还有一些外国游客，所以就是很自然地让你感觉到拉萨今天的变化，包括像旅游业、

1999 年的谢飞

现代化的信息交流这些，而且塑料蔬菜大棚的引进，整个拉萨的蔬菜问题都解决了，在拉萨你可以看到各种餐馆，西式的、中式的，川菜，甚至粤菜都有了，所以这时候摄制组在那儿拍摄就比较舒服了，拍什么也都比较方便了。

**祝勇：**好像比第一次来的时候要好多了。另外呢，你刚才讲到，电影里在表达西藏的发展和变化的时候，是用一种很自然的方式来表达，外国人能够接受的这样一种方式，所以，现实里西藏的包括八阔街的自身变化，电影里把这种变化直观地拍出来就可以了，不需要太刻意地去强调这些。

**谢飞：**对，电影中的故事时间线是从女主人公十七八岁一直到她离开人世，五六十年的时间跨度，自然地表现了两个制度的变化。1959 年前就是农奴制，1959 年之后，大家都分到了田地、分到了牛羊，很快进入了现代社会。所以通过这个女人的命运和自然的现象，观众完全可以真实地感觉到今天拉萨的巨大变化。

# 世博会西藏馆主题电影《幸福拉萨》

**祝勇：** 下面我们谈谈世博会西藏馆主题电影《幸福拉萨》。

**谢飞：** 因为世博会吗，每个省的馆里都有一个主题电影，当时他们希望片长 5 分钟左右，因为流量特别大，太长了站不住，于是很多别的馆都用什么全景，什么 180 度，立体……

**祝勇：** 技术的含量很高。

**谢飞：** 我觉得那样拍基本上就是个广告片，音乐电视式的东西，也可以做，但是如果让我来拍，结合世博会的主题"更好的城市，更好的生活"，我就拍拉萨的一天。我带了 20 人的一个小组，我们一月份去的，一月五号出发，在那儿待了 20 天。我们用的高清数字摄像机，高清数字 RED ONE 的机器。我当时提出，一个是我们技术上用最好的高清机器，再一个呢，我认为对于外国大多数想要了解西藏的普通观众来说，要说服他们，纪录片是最友好的。纪录片就要求是真实的抢拍和采访，于是我就采取纪录片真实的拍摄方式，晚上零点到，拍一天一夜 24 小时。

**祝勇：**从午夜。

**谢飞：**让你全面地感受拉萨的方方面面都是怎样生活着的，我觉得这样才有说服力，因为这种方式呈现出来的才是现在真正的拉萨，你能感觉到拉萨这座城市的变化，拉萨人民生活得也更加幸福了。

**祝勇：**实际上，拉萨的幸福不需要去表演，不需要很多演员，很多美男靓女去做戏表演，真实的记录就能表达他们的幸福。

**谢飞：**因为拉萨的色彩太漂亮了。

**祝勇：**太漂亮了，你能感觉到它平静里那种幸福，包括转经的那些人，朝拜那些人，做生意的那些人，包括走进他们的家庭，那种谈话，那种交谈，能够真实地传达幸福的这种感觉。

**谢飞：**对。这个片子前后大概拍了 20 天，拍完后回来做了后期，剪辑好，领导们来看，提了几条意见，其中一个是没有拍到学校，因为当时我一月份去的，拉萨中小学都在放寒假，所以就没有拍到学校，后来二月份的时候又去了一趟，就拍拉萨中学学生做广播体操。后来又审了一次，领导提出怎么没有拍地热，没有拍我们的地热专家。然后我们就又去了一趟，所以等于我 2010 年，一、二、三月，一共去了拉萨三次。他们都说，谢老师，你别去了，让助手去吧。我说不成，我得去，主要我特别喜欢去拉萨，因为去那里有很多朋友，而且拉萨很多地方我都还没看够，所以我就又去了。

**祝勇：**那您一定还看了世博会其他场馆，包括其他国家和其他城市的场馆的主题影片，您觉得您的这个 9 分钟的影片跟其他的影片的区别在哪里，纪录片是一个方面，其他您觉得还有哪些区别？

**谢飞：** 其他很多别的场馆的主题影片，大多是运用高科技的、有新意的形式，但是像我这个内容这么丰富的不多。

**祝勇：** 像您的这个 9 分钟的片子，更注重人，就是把焦点放在人的身上？

**谢飞：** 对，就是生活。

**祝勇：** 注重人的情感、精神方面的内涵。

**谢飞：** 我必须要用一些国内观众比较熟悉的元素，就像全中国人都会唱逛新城，那么我就找到了那个藏语原唱的老艺术家来拍，他也特别高兴，戴上他那个藏族服饰的帽子，在那儿说。就是要让大家能够对片子中得到的信息有共鸣，所以想了这些办法。我们用了一个 5D 的那种高清照相机，我拍了很多那个日出日落，云彩走，那个太阳也在走，用的都是高清照相机，拍出很多质量很高的照片，我用动画的方式来做，包括晚上的车流，一下就变成了灯火辉煌的样子。

**祝勇：** 布达拉宫变化的那个镜头冲击力非常大。

**谢飞：** 那些都是摄影师每天到我们楼上拍，一秒钟一格，一秒钟一格，每天就各种角度去拍两个小时，然后这样积累下来，形成了这种比较奇特的视觉感觉。所以就是等于到了新世纪了，我第三次去拍拉萨，我用的设备更现代了，把一些新的技术都用上了，不再那么传统保守，而是比较革新的、比较现代的一些拍摄手法，让它更容易为观众接受。

**祝勇：** 摄像的这种变化，影片风格的变化，跟拉萨本身的发展变化，都是同步的，因为时代在发展。

**谢飞：** 对。

**祝勇：** 这是您第三次拍摄西藏题材的作品，这次去西藏，您跟前面两次是不是又有不一样的理想？

雪山脚下的青藏铁路，图片来自视觉中国

**谢飞：**对，又过了快 10 年的时间了，西藏现在大饭店特别多，很多都非常漂亮，而且那个国外游客也多，所以整个西藏自治区每年大概有 500 万的游客。我上次去的时候，刚刚修好了拉萨博物馆，当时来说是最现代的，但是现在就连布达拉宫整个下面都已经修得很漂亮了。整个布达拉宫前后和广场我觉得跟 10 年前是完全不一样了。几个大的寺庙，特别像哲蚌寺，还有色拉寺这些当时都没有完全修好，现在都修得很漂亮，所以我觉得这 10 年，西藏在对文物的保护和旅游的开发上有特别明显的进步。还有我这次进藏，现在算下来已经是第十二次了，是第一次坐火车去西藏，我坐的是青藏线火车，从北京上车。

**祝勇：**片子里就有您下火车的镜头？

**谢飞：**对，然后一直上去，坐了大概两天两夜到的拉萨。特别是第二天，车窗外格尔木的风光特别漂亮，而且是在火车里，它有氧气，所以大家也没有不良反应。我觉得拉萨这十年里变化最大的就是它逐渐形成了比较科学的文物保护和旅游开发。

我虽然拍了三部有关西藏的影片，但是我都觉得有些遗憾，原因就是我不是藏族人，我最希望的是，我们藏族的影视工作者、专业工作者，成长得越多越好。希望藏族的影视创作人才尽快尽早更多地出现。

访谈时间：2011 年 7 月 25 日

整理时间：2023 年 7 月

# 1942

Interviewee

采访对象 _

梅兰芳的九种眼神

徐城北

任何研究对象，都不是一些冰冷的术语的集合，必须将全部的情感注入其中，对其每一个细节了如指掌。

Interviewee

采访对象 _

简
介

徐城北，1942 年出生于重庆，中国艺术研究院戏曲研究所研究员，著名京剧理论家、民俗学者。曾在中国京剧院担任编剧，后转入学术研究，曾任该院研究部主任。中国作家协会会员、北京大学兼职教授。多年专注于京剧艺术及其背景的学术研究。著有《梅兰芳与二十世纪》《京剧与中国文化》等多部著作。2021 年 10 月 11 日在北京逝世，享年 79 岁。

2001 年 6 月 21 日午后 2 时至 5 时。微雨。

北京双花园西里，徐宅。

徐城北，著名京剧理论家、民俗学者。父母为我国著名记者徐盈、彭子冈。1942 年生于重庆，后随父母迁居北平。曾在中国戏曲学校旁听，并师从沈从文、聂绀弩、陈漫汀等，开始写作生涯。由于父母被错划右派，完成学业后，无业，给报刊的投稿皆因无组织担保而被退回。走投无路之际，在王震帮助下，赴新疆生产建设兵团，成为兵团战士。"十年浩劫"初期，徐城北在新疆已难立足，同时由于当时的北京不准"外地人"居留，徐城北有家难回，遂于 1967 年开始在全国范围内流浪。这期间，徐城北目睹了更多的底层现实，并且踏访了许多文化古迹，受到了祖国悠久的文化传统的熏陶。这段经历成为徐城北一生中重要的财富。

　　1969 年中共九大，徐城北看到王震当选为中央委员，这才安心地返回新疆。70 年代初，徐城北为了离北京的父母近一些，结束 8 年的兵团生涯，调到河北省固安县，任小学、中学教师。1979 年，徐城北调入中国京剧院任编剧。90 年代，徐城北转入中国艺术研究院，任研究员。

　　已出版著作五十余部。其中有《京剧与中国文化》《梅兰芳三部曲》《老北京三部曲》等。

　　徐城北先生生性温和幽默，有"老北京"的特质，我与徐城北先生相处甚笃。《战国策·齐策》说："城北徐公，齐国之美丽者也。"所以我常戏称他为"城北徐公"。

梅兰芳的九种眼神

**祝勇：**徐公，近些年来，您在传统文化研究领域十分活跃，著述颇丰，还在北京大学开了课，请问您为什么由京剧院的编剧，转而成为一个文化学者呢？

**徐城北：**我在（20 世纪）70 年代末进入中国京剧院，先是跟范君鸿老前辈一起编了传统剧《铁弓缘》，以后又独立创作了《杨贵妃》等很多剧本。后来，我的同行，有的年事已高，有的先后转行，所以，尽管京剧整体上不景气，但却给我个人留下很大空间。除了完成京剧院的创作任务外，我觉得还有余力，于是着手对京剧文化进行研究。而对京剧文化，特别是民间文化和民俗文化的关注，缘于一次偶然的机遇，北京电视台请我为电视纪录片《北京老字号》撰写电视脚本，我开始走进这些百年老店，发现它们的历史，竟深深地吸引了我。况且，北京的老字号，跟梨园行儿都有千丝万缕的联系，两者完全可以打通，在老北京大的历史文化背景下研究京剧，视野也更加开阔。所以，两者相辅相成，相得益彰。

**祝勇：** 我注意到，您与其他学者的研究方式有所不同。您不是钻"故纸堆"，而是更多地从社会民间那里汲取素材和养分，所以您的学术著作富于现场感，而且细节丰富生动。历史的原始形貌，必须依靠细节来修复，而从"故纸堆"到"新纸堆"的研究套路，实际上也仅仅是框架性研究，其真实性往往受到怀疑。葛兆光先生就他的《中国思想史》的写作答记者问时，特别强调了田野调查的重要性。他认为田野调查中发现的证物，往往可以完善、修正甚至改写现成的理论构架，那么，您的学术研究，尽管更多地在文化古都内展开，是否也可以称作田野调查呢？

**徐城北：** 我想是的。我形成这样的学术习惯，可能与我京剧编剧的身份有关。写京剧剧本与写电影剧本不同，它不能仅仅搭建一个情节框架，演员的一招一式、一腔一调，都必须勾勒得十分细致。每一笔修改，都得十分精心，像画工笔画一样，到了台上，得能演能唱。这养成了我关注细节的习惯。其实，梅先生是最关注细节的。他的表演有时没有固定的程式，即兴发挥，今天是单水袖，明天就是双水袖。然后，他让"梅党"（也就是他的智囊团）到观众中寻求反馈，在有充分根据的前提下，固定下来。进行历史研究，不关注这些细节不行。我在《梅兰芳三部曲》的最后一部《梅兰芳与二十一世纪》一书中，附了梅兰芳演出时眼和手的特写照片，其中包括梅兰芳演示的传统旦角眼神 9 种，传统旦角单手手势 6 种，即：伸萼、露滋、迎风、蝶损、醉红、雨润。传统旦角双手组合手势 6 种，即：花态、招蝶、合笑、散馥、并蒂、偎偎等。这些都是研究梅兰芳舞台艺术，进而研究梅兰芳戏剧体系的最基本的元素。

再如程长庚。程是京剧的开山祖师，是戏班"三庆班"的班主和头牌，后来观众看三庆班的戏看厌了，渐渐不上座了，程想到了引入其他优秀演员，以开拓戏路。这时他派人找到了小生徐小香。徐小香表示，进"三庆班"可以，包银也好说，但是与程老板的初次合作，得唱《借赵云》——言下之意，是程长庚这个"刘备"的局面已不能维持，得请我这个"赵云"出山，才能转危为安。而程则主张，包银高些无妨，但第一出合作必须唱《九龙山》，意思是我程长庚这个"岳飞"收服了你徐小香的"杨再兴"……双方各持己见，一度相持不下。后来有人从中斡旋，改唱一出双方都可接受的戏，才使这次合作柳暗花明。一方面，我们可以从中看到京剧艺术家个性的朴直可爱；另一方面，这个公案也是研究早期戏班体制及其沿革的好材料。

类似很多史料，我都是从梨园行儿的老人儿那里听来的，都是第一手的资料。

我的学术著作中夹杂大量的历史照片，不仅是为了增强可读性，也是出于补充细节的需要。比如我最近应《北京青年报》之邀，踏访皇城根遗址，就随身带上照相机，捕捉了许多珍贵的细节。

**祝勇：**但是您与其他学者的田野调查还有不同，他们是抱着明确的目的出去考察，而您则生活在传统文化的氛围里，与您的研究对象融为一体。

**徐城北：**是的。京剧剧目，我至少看过几百出了。梅兰芳、尚小云、荀慧生的舞台演出，以及其他名角儿的戏，我亲眼都看过各十来出戏。程砚秋的戏我没赶上，因为他在新中国成立以后体形发胖，基本上不演了。至于马连良、谭富英、张君秋等人的戏，我看了不下上百出。而且，与他们中许多人都是朋友。我自小生活在京剧的氛围里。沈从文先生曾经想让我做他的助手。我试着做过一段时间，比如曾经拿着他开的书目，去北图查阅线装书，但是我当时觉得文物研究的冷板凳我实在坐不住，我太喜欢京戏了。

任何研究对象，都不是一些冰冷的术语的集合，必须将全部的情感注入其中，对其每一个细节了如指掌。我在研究中，非常注重生活本身的学问。比如我研究饮食文化，就是这样。我生在四川，很早就对美食有兴趣。现在家里请客，关键的菜都是我掌勺。我去名店吃饭，像北京的全聚德、仿膳，杭州的楼外楼等，我不仅仅去听经理的介绍，而且还要见堂头、主厨，了解做菜的工序，火候——是文火，还是武火。这里面太有讲究。也许，这就是你所说的田野调查吧。举一个简单例子，你们一般去吃饭未必注意。比如素烧茄子，这是一道普通得不能再普通的鲁菜。东兴

1930年，梅兰芳到美国访问演出，洛杉矶市波摩拿学院和南加利福尼亚大学分别授予梅兰芳文学荣誉博士学位，以表达美国学界对梅兰芳精湛表演的高度评价和对中国古典戏曲艺术的由衷赞赏

楼——民国初年在东直门那儿，是一座很大的四合院儿，现在在东华门，是鲁菜"八大楼"之一——在做这道菜时，起锅时最多只烧七八分熟，由于菜的余热的作用，送到餐室的方桌上，已有九分熟，再由餐室的堂倌，送到顾客的餐桌上，入口时，刚好十分。如果厨师烧到十分熟，没留余地，顾客入口时，火候就过了，内行的吃家可以要求厨房重做，厨师无话可说。这就是细节。

**祝勇：**真有意思。这不仅仅是一个研究方法的问题，也是学术态度的问题。学术研究应当以民间大地、以百姓生活为基础。以这种严谨的态度治学，可以避免以讹传讹，人云亦云，减少硬伤，保持历史的真实性。

**徐城北：**当然，我也并非完全排斥"故纸堆"，阁楼学术也有它的意义，只是我个人更注重民间调查而已。我外文扔了多年，没读过外国书，古书读过一些。许多人认为老字号多起源于清末，其实不然，北宋年间的《东京梦华录》就记载了第一代老字号的真实形貌，开封汴梁饮食业的宏观场面和细节程序，都刻画得栩栩如生，是"故纸堆"中的好东西。我还研究了北宋的一些菜谱。

**祝勇：**宋朝的名菜，现在还能做吗？

**徐城北：**理论上可以。但是人们大都急着赚钱，怕麻烦，没有人能够沉下心来搞这种文化传承工作。这需要深远的文化眼光。中国人太急功近利了，一方面用假古董唬人，一方面却眼睁睁看着传统文化的精华部分，永久消失了。

对传统的一点改动都要
经过深思熟虑

**祝勇：**徐公，您最近去日本进行了学术访问。中日两国都
是东方文化背景，又先后走向现代化，有较强的可比性。
那么，在向现代化转型的过程中，传统文化到底应该扮演
什么样的角色，有着怎样的处境，您能否就此谈谈自己的
感受呢？

**徐城北：**这一次去的时间不长，但是日本人对待传统文化
的成熟心态，给我留下了深刻的印象。日本文化本来是中
国文化的一个分支，自明治维新以来，日本提出一个口号，
叫"脱亚入欧"。提出这个口号的，是日本历史上一位著
名的教育家，日本最著名的私立大学——庆应义塾大学的
创办者福泽谕吉先生。一万日元的纸币上的人像就是他。

**祝勇：** 日元上的人物差不多都是历史上有名的思想家、学者、作家、科学家的肖像，好像没有政治家。

**徐城北：** 的确如此。日本人对文化的态度可见一斑。福泽谕吉先生虽然提出"脱亚入欧"，但是日本在接受西方文化的同时，他们并不排斥本土文化，不将传统文化视为有害的东西。对于那些被时间证明有价值的东西，比如能乐、歌舞伎、狂言、茶道、花道、园林，等等，都无微不至地爱护。

**祝勇：** 相对而言，中国人在传统与西化之间似乎一直在摇摆，忽左忽右，容易从一个极端走向另一个极端，似乎五四以来，甚至从鸦片战争，中国的国门被打开以来，一直如此，始终不能以一种稳健的心态面对这个课题。可以说，"十年浩劫"不仅仅直接地毁坏了许多古典文化遗产，而且从灵魂上割断了人们与传统的关系。在中国，这似乎成了一个悖论。仿佛中国人天命如此，二者不可兼得。实际上，失去了文化的根基，国家的进步也将失去内在的推动力。

**徐城北：**不是天命，是人的认识问题。传统文化和现代化的所谓矛盾是人为地制造出来的。可以二者兼得，怎么不可以呢？日本不就二者兼得了吗？在这个问题上，日本解决得比较好，日本的历史文化有连续性。像歌舞伎这类有着悠久历史的戏剧艺术，至今仍深为日本人民喜闻乐见。

**祝勇：**您此去一定没少看歌舞伎吧。

**徐城北：**看了，但是很不够，我准备再去一次，驻留的时间长些，专门考察日本传统戏剧，写一本《从歌舞伎看京剧》，为此我要深入到戏班里，了解它的戏剧构件。能乐看得多些。

**祝勇：**能乐与歌舞伎有什么区别呢？

**徐城北：**能乐更加古典，更加圈子化，欣赏的人相对更少些，票价很贵，但是能乐团生存没有问题。

**祝勇：**日本人是怎样传承古代文化的呢？同样是古代

盛唐时，宫廷中设置了完善健全的太常寺，教坊，管理宫廷乐舞等事宜，唐玄宗时又从坐部伎及宫女中挑选出一大批技艺最高的乐工、舞伎，设立了梨园，专事歌舞的排练和演出。唐朝乐舞是中国唐朝的传统舞蹈艺术，在经过汉朝百戏在舞蹈技巧上的飞跃，以及南北朝中外乐舞交汇的推动下，达到一个更趋成熟的新境界，是古代舞蹈艺术发展的最高峰

戏剧形式，中国的京剧就越来越失去年轻人，他们认为京剧节奏太慢，不适应现代节奏，好像现代生活已容不得人们以一种悠缓的心情去欣赏古典文化。所以，很多中国人，特别是年轻人，对博大精深的传统京剧视而不见，而为什

么日本竟会一以贯之地保持对古典文化的热衷呢？

**徐城北：**他们的文化普及工作搞得好，这种文化普及工作，真的是"从娃娃抓起"。也就是说，"传统文化关"是自小学、中学时代就得过的。刚才提到的古代文化的那些分支，像能乐、歌舞伎、茶道、围棋什么的，都有印制精美的图书，日本人自幼必读。这些宣传品，不仅引导人们入门，而且充分展现了古典文化不同寻常的魅力，叫人由衷地喜爱，令他们在古代文化面前顶礼膜拜。如果你不喜爱它们，那是你自己的问题，而不是它们的问题。

**祝勇：**您的研究和写作也属于这种文化普及工作。

**徐城北：**可以这么说，但是不如他们的印得好。日本人在这方面太舍得投入了。

**祝勇：**那么，以京剧为代表的传统文化，真的就一点儿也不能动吗？

**徐城北：**当然也没有那么绝对，传统文化本身，也是经历了反复磨练、在演变中发展的。但是这种变化，一定要慎重，不能带有随意性，不能是摧枯拉朽的颠覆。像我前面提到的，梅先生的舞台艺术，就时时在变，学梅的人会觉得很不好学。因为剧场变了，同台的演员变了，嗓音条件也在变化，观众的审美习俗也有所不同，所以他一直在求变。但是他的每一次细小的改革，都要通过"梅党"到观众中摸底，说明了他的慎重。我案头有一册张元和先生演出《游园惊梦》中《牡丹亭》一折时的身段谱，是元和先生亲自演示，由摄影师连续拍摄下来的，是十分重要的资料。你知道，元和是张家姊妹中的大姐，也就是允和、兆和、充和的姐姐，著名的昆曲度曲家（专工清唱的昆曲专家），今年已是 94 岁高龄，身在美国。她在表演上并不故步自封，身段谱上，注明了哪些身段做了修改。元和先生唱了一辈子昆曲，到了 74 岁才做了一点儿改动，说明她是经过了深思熟虑的，这样的改革是符合文化发展的自身逻辑的，不能胡来。

**祝勇**：这个例子很形象。经典的东西，一旦破坏，就无法修复。

**徐城北：**日本也有很多新潮的东西，后现代的，光怪陆离的。但是新的东西，并不覆盖传统的东西，决不乱动一草一木，当然，战争破坏的，不计在内。

**祝勇：**日本人说，要看隋唐以前的木构建筑，得到日本。

**徐城北：**对，在奈良。日本早已进入后工业时代，生存压力很大。然而，我与日本民间接触，一个直接的感受是，老百姓一直过着平静的生活，保持着平和的心境、精致的生活的艺术和雅致的生活哲学。在他们那里，传统文化不再是一种"展示"，供人参观，而是一种活生生的生活状态。这种心境，是日本传统文化不死的根本原因所在。我到东京以后，住在一个名叫"三轩茶屋"的地方，是一条幽深的小巷，有点像北京的胡同，小巷连着小巷，越走越窄。那天早上下着小雨，我撑着伞漫步，看到有主妇在窗子里做饭，男主人还没有起床，等待着妻子来唤醒。巷子里的车——自行车、小汽车，一律不锁。院子周围都精心地养着很多花，摆弄得很艺术，民居的格式各不相同，但又都

梅兰芳京剧剧照

与传统相通。我一下子想起四五十年代的灯市西口，那时我一直住在那儿。它们是那么的相像。可是现在，灯市西口早已不是当年的灯市西口了。没想到半个世纪以后，竟在异国他乡，唤起我对于旧日居住环境的记忆。

**祝勇：**半个世纪的风雨足以将您的灯市西口"改造"得面目全非了。高楼大厦固然多了些，但是人们的情怀早已大变。建筑与文化，无一不是人类精神的产物，有什么样的精神底蕴，就有什么样的文化。如果精神得不到延续，任何强制措施都无济于事。

## 京剧会不会消亡

"

**祝勇：**任何事物都有它产生、发展、消亡的过程，京剧也不例外，这一点您不否认吧？

**徐城北：**的确，这是客观规律。如果京剧存在的社会基础丧失了，京剧本身也就不存在了。或许会有剧本留下来，以后人们如果要欣赏京剧，就只有读本子了，就像今天的人们读元曲的本子一样，恐怕没有人知道元曲的唱腔了。

**祝勇：**唐诗宋词原来也都是有曲谱的，能吟能唱。现在也只能品读文字了。

**徐城北：**但是这一天不会马上来临，京剧的生命力还在，传统文化的生命力也还没有衰竭，而且，还有复兴的可能。现在是复兴之前的一个比较平衡的阶段。这个阶段很难产生大师，但是，中华文化这样长的一根藤，总有瓜熟蒂落的时候。我们的文化背景会孕育出新的文化高峰。总有一天，人们会发觉，我们的京剧、国画、园林、美食、服饰、民乐，都是多么好的东西，是那些时髦的洋玩意儿所远远取代不了的。

**祝勇：** 亨廷顿在《文明的冲突论和世界秩序的重建》中提出，未来世界的冲突，本质上是文化的冲突。那么，您认为在全球一体化的浪潮面前，古老的东方文化体系能够得到保存吗？

**徐城北：** 这一切取决于我们自己。有什么样的中国人，中国文化就有什么样的未来。季羡林先生对此很乐观，他断言"东方文化肯定要大放光芒"。他认为，20 世纪，西方文化占据了主导地位，取得了巨大成就，但也遗留下不少问题。这些问题单纯依靠西方文化是解决不了的。既然这个世界还要向前发展，那么东方的药方就不可或缺。费孝通先生则认为，"即将出现一个全球性的'战国'时代"，这个时代呼唤新的孔子，甚至比孔子心怀还要开阔的大手笔。从我个人来讲，我相信"多元"说。多种文化并存，京剧和中国文化也要在其中"并存"很长时间。京剧是艺术，其中不仅有美学，还有科学。至少在现阶段，美学与科学在东西方并不具有相同的价值。如果说，东方的科学"略输"西方的话，那么，东方的美学就绝对"不让"西方了。中国文化一定会迎来一个文艺复兴时代，当然，取决于每个人的努力，更寄望于你们这些年轻的文化人。

采访时间：2001 年 6 月 21 日

整理时间：2023 年 7 月

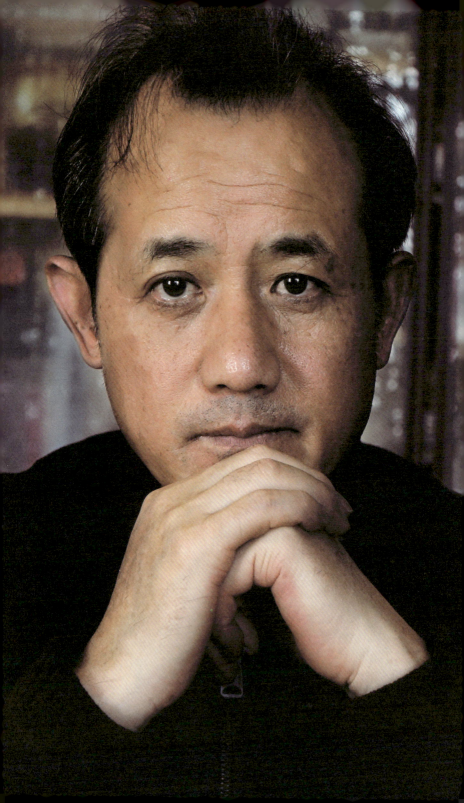

# 1956

Interviewee

采访对象 _

在历史的表象背后

李 辉

能让那些尘封已久的重要史料重见
天日，当然是很好的。它们能为我
们提供很多想象不到的历史细节。
比如其中有对战时后方各种生活圈
的真实记录，十分珍贵。我们通过
它们看到的是立体感的历史场景，
而非单一的、概念化的历史框架。

Interviewee

采访对象 _

简
介

李辉，1956 年出生于湖北随县（今
随州市），中国著名传记作家。1982
年毕业于复旦大学中文系，曾在《北
京晚报》担任文艺记者和文学副刊编
辑。1987 年起在《人民日报》文艺部
担任编辑。1986 年加入中国作家协
会。以文学传记、随笔写作为主要方
向，1997 年散文集《秋白茫茫》获首
届鲁迅文学奖。主要作品有《沈从文
与丁玲》《萧乾传》《在历史现场》
《百年巴金——一个知识分子的历史
肖像》等。有《李辉文集》出版。

与李辉交往多年，难得像这样长时间地谈论点问题。平日里的一些零散话题，在这个下午聚拢起来。几小时过去，竟浑然不觉。李辉的研究对象是 20 世纪中国知识分子，他自己也是一个很典型的知识分子，他的学术经历，有很强的不可重复性。

李辉，1956 年出生于湖北随县（今随州市）。1982 年毕业于上海复旦大学中文系；在《北京晚报》担任文艺记者和文学副刊编辑；1987 年起，在《人民日报》文艺部任副刊编辑。

以传记、随笔写作为主。主要作品有《文坛悲歌——胡风集团冤案始末》《沧桑看云》以及五卷本《李辉文集》等。2001 年策划拍摄 8 集纪录片《在历史现场——外国记者眼中的中国风云》。

在历史现场

**祝勇：** 最近读了您与应红女士翻译的彼德·兰德的著作《走进中国》（文化艺术出版社 2001 年出版），您的关注点似乎已经从中国现代知识分子转向了与中国历史关系密切的外国知识分子。

**李辉：** 我想把外国记者与中国的关系史作为一个课题继续做下去。我一向的习惯是，既然从事一项研究，就尽可能做充分了，而不是蜻蜓点水，做一下就算了。《走进中国》出版以后，去年我还给中央电视台搞了一个 8 集纪录片，叫《在历史现场——外国记者眼中的中国风云》，下一步我想把解说词作一些扩充，增补相应的史料，成为一本专著出版。

**祝勇：**这样就把外国记者与中国的关系做一次系统的梳理。

**李辉：**对，时间范围是 1900 年到 1949 年之间。20 世纪前 50 年，外国人——当然包括外国记者，跟中国的关系是很密切的，甚至在一定程度上影响和左右了中国政局的发展。中国的政治家，像孙中山、袁世凯、毛泽东、蒋介石等人，身边都有外国顾问。外国人除了充当政治智囊，直接干预中国政治以外，许多记者，也对中国社会的变化产生影响。比如他们对义和团包围外国使团的报道影响到西方对华政策，"二十一条"的公布引发 1919 年五四运动，甚至斯诺夫妇直接参与发动了一二·九运动，黄华、黄敬（江青的第一任丈夫）等都是在斯诺家里会面。尽管我们的正史涉及这方面的情况不多，但是如果我们试图还原中国历史，外国人的因素显然是不能排除的——无论他们的影响是积极的，还是消极的。

**祝勇：**《走进中国》书后有一个附录，美国在华新闻人员名录，我统计了一下，1905 年至 1949 年间，共有 184 名美国记者在中国采访，他们来自《时代周刊》、《纽约时报》、美联社等 100 多家媒体。从这个统计数字，我们大体可以估量 20 世纪前半叶，在华活动的外国记者是一个多么庞大的群体，他们的文字会对中国乃至世界产生多么巨大的影响。

**李辉：**1949 年以后，外国人，特别是西方国家知识分子在中国政治和社会舞台上几乎不再发生影响，与中国高层也没有什么联系，所以我所关注的时间段暂时不包括这一部分。当然，斯诺曾经在"十年浩劫"中来过中国，毛泽东也通过他发出中美改善关系的信息，但只是局部的、细微的联系。

**祝勇：**其实 1949 年以后不妨还可以作为一个课题来考虑。比如哲学家萨特、电影导演安东尼奥尼、摄影家马克·吕布，以及采访过江青的记者维特克等都来过。在当时特殊的意识形态背景下进行的东西方对话也很有意思。

**李辉：**我已经搜集了几十种原版书，你编的《西方视野的里中国形象》主要整理出版民国前外国人关于中国的著作，我搜集的这批书主要是民国以后外国人的书，其中包括外交官、传教士，尤其是记者的书。这些是研究中国现代史的重要参考资料，在今天却大多鲜为人知。过去的介绍主要集中在左翼阵营，诸如"三 S"等，其余基本不提。比如项美丽，是《纽约人》专栏作家，曾经和邵洵美同居过，是最早采访宋美龄、宋霭龄的记者，她的著作有很重要的价值，但以前基本不提她。项美丽写过《我的中国》，白修德这样的大牌记者也是 40 年代在重庆出名的，也写过关于中国的专著。此外，像赛珍珠，甚至司徒雷登，都写过回忆录。能搜集到的我都搜集。对他们的研究，目前还是空白，没有人做，很可惜。在董乐山先生推荐我翻译《走进中国》之后，我觉得这个题目可以深挖。这几年，我就打算以它为主了。恐怕要做个三五年，通过这个角度，可以对中国现代史进行重新审视，帮助我们了解到过去忽视的部分。

**祝勇：**你是否准备将学术研究和整理出版史料同步进行？

**李辉：**我有这样的打算。能让那些尘封已久的重要史料重见天日，当然是很好的。它们能为我们提供很多想象不到的历史细节。比如其中有对战时后方各种生活圈的真实记录，十分珍贵。我们通过它们看到的是立体感的历史场景，而非单一的、概念化的历史框架。

**祝勇：**这部分研究对从前进行的中国知识分子研究是否是一种脱离呢？

**李辉：**是一个很自然的发展。过去的研究，也给今天的课题提供了一定的优势。

**祝勇：**您对当时的话语背景十分熟悉。

**李辉：**比如写《萧乾传》，就写到了斯诺夫妇，因为萧乾是他们的学生。写《刘尊棋传》的时候也写到过伊罗生。许多人物过去都涉及过，很自然地延伸过来。

**祝勇：**谢泳先生从事自由知识分子研究，主要依托一个人、一本刊物和一所大学，您现在所进行的研究，资料十分庞杂，您准备选择一个什么样的角度切入呢？

**李辉：** 我想重点研究一下《时代周刊》。去年我在美国国会图书馆查阅了三年的《时代周刊》，即1923年、1927年和1943年。我还买回一些图书的刊物。如果一个人按照年份每年这样去做，工作量的确太大了。

**祝勇：** 史料太庞杂，漫无边际。

**李辉：** 毕竟不是在学院，可以组织一个班子，比如带学生一起搞一个课题，没有那样的条件，而且我更习惯于进行个人写作。我喜欢个人状态。我在逐步把自己的研究领域扩大——最初是写文学家，后来是艺术家，再后来又扩大到外国记者。如果我能把这些领域都打通的话，也许，做到50岁，会出一些东西。我希望在自己五六十岁的时候迎来自己最好的状态。如果我还像以前那样写人物，恐怕仅仅是重复，很难超越《沧桑看云》。如果我把人文和历史沟通起来，把中外沟通起来，也许什么时候能够写出一部《光荣与梦想》这样的大部头来。如果我能从一个特殊角度回望20世纪的中国，有个人化的建设，大的框架又立得住，阅读起来又有趣味，还是很有意思的。但是要做到这一点，需要有几十年的积累，至少30年吧，否则它就成了不知好歹的大话。

**祝勇：**刚才您讲到，由于意识形态的原因，我们对与中国有关的西方记者的介绍并不全面，根据政治立场做了一些取舍。那么，在您比较系统地接触资料以后，您认为这些外国记者对中国的报道，在多大程度上受到了他们政治倾向的干扰？换句话说，在他们的作品中，是政治取向更重要，还是职业道德更重要？这些文字是否真的像我们希望的那样真实反映历史，它们的可信度如何？

**李辉：**我还是举《时代周刊》的例子说明这个问题吧。《时代周刊》的创始人卢斯（Luce）是西方传媒巨人，包括《生活》杂志和《财富》，都是他搞的，是世界新闻史上了不起的人物。他与蒋介石的私人关系非常好，封面上多次发表蒋介石的肖像，当然抗战期间更多。同时，他也发表许多——包括白修德写的——批判蒋介石的文章。1949年元月的《生活》周刊，发表了法国著名新闻摄影记者布列松拍摄的《围困下的北平》，是他专门派来的。他们力求尽量客观地反映时代的影像。再比如，宋美龄访美，在当时是举世瞩目的大事，然而这期间，白修德写文章报道洛阳饥荒，文章揭露了国民党的救援不力和官僚的贪污腐败，这件事令蒋、宋十分恼火，但他们也没办法。对于西方记者来说，新闻价值还是首要的。包括斯诺，也不例外。一个记者如果完全被政治立场所左右，他就是一个宣传者，而不是记者，他要考虑的是新闻发出来后有利于什么人。虚假新闻当然存在，但这不是主要的。真实是新闻的生命力。斯诺当时的最大成就就是他能够发出独家新闻。在人们不了解红区的时候，他能写出《西行漫记》。20世纪是一个冒险的时代，浪漫的时代，电报的发明、交通工具的革命，为20世纪的新闻记者提供了广阔的可能性。不论他们有什么样的政治倾向性，他们首先是记者。鲍罗廷的公开身份也是记者，但他与斯诺们不同，他首先是政治家，记者不过是他的掩护身份。我以上所谈到的人，基本上是纯粹意义上的记者。

**祝勇：**退一步讲，即使他们有明显的政治倾向，这也并不妨碍他们的著述成为历史的重要资料。历史本身就是复杂的，对历史的记录也不可能是清一色，这需要后人去分析和辨别，如果连原始资料都不具备，分析和辨别更无从谈起。

**李辉：**我现在主要致力于资料的挖掘和清理，希望为以后的写作打下基础。

**祝勇：**我们对进入延安的外国记者的了解，似乎仅仅停留在《西行漫记》这一层面上，好像来到延安的都是左翼文化人，当时的外国记者有没有写下类似罗曼·罗兰《莫斯科日记》一类的文字？

**李辉：**有一位塔斯社驻延安记者，记录了延安的历史，我们出版过白皮书。

**祝勇：**就是《延安日记》，好像是70年代出的，内部读本，封面上好像还印有密级。我读过这本书。出版说明上写，这部书是苏修叛徒集团为配合其反华政策而炮制的一部污蔑中国革命的毒草。我当时在关注王实味问题，找来一批史料，《延安日记》也在其中。书中有对整风过程的记录，但那个本子是节本。

**李辉：**不排除后来为配合政策进行修改的可能，但从资料互证的角度看，这本书是有价值的，尤其涉及王明与毛泽东的关系方面，有一定的权威性，包括关于康生、关于整风的内容等，并不是孤证。除《延安日记》外，有影响的还有伊罗生的《中国革命的悲剧》，是托洛茨基给他写的序言。他和宋庆龄、鲁迅关系密切，但后来我们一直把他归到托派。他的确是反对斯大林的，曾经到挪威见过托洛茨基。宋庆龄本人对斯大林、对王明也是有看法的。我在香港买到这本书。此书写于 30 年代，主要通过 1927 年大革命失败，透视斯大林和中共的关系。我在《在历史现场》中写到这本书。

**祝勇：** 好像就是《美国的中国形象》的作者哈罗德·伊萨克斯。Harold R. Isaacs，名字译法不同。

**李辉：** 就是他。有一张很重要的照片，是萧伯纳在宋庆龄家访问鲁迅后的合影，不知是不是还有印象？

**祝勇：** 您是指那张被篡改过的照片。上面删掉了两个人。

**李辉：** 对，一个是林语堂。

**祝勇：**1949 年以后被称为"反动文人"。

**李辉：**另一个就是伊罗生，托派分子。他在 30 年代办了一
个英文刊物《中国论坛》，是反蒋的，发表了许多左翼文
章。但他拒绝发表支持斯大林的文章，这样与中共关系开
始紧张。抗战期间他也曾想去延安，但由于前面这个背景，
他没有去成。《走进中国》的作者彼德·兰德认为，伊罗
生没有去成延安，对于西方了解延安的真相，是有损失的。
伊罗生的目光是敏锐的，像罗曼·罗兰一样，不容易被假
象迷惑。他的水平很高，包括你编的他的著作《美国的中
国形象》，在西方汉学界的地位是不可替代的，几乎具有
教科书的位置。他在粉碎"四人帮"以后才重返中国，是
宋庆龄邀请他来的，写了一部《重访中国》。我也计划翻
译这部著作。

**祝勇：**中国人要了解历史，主要借助于政治人物的回忆录，
但这种回忆录与西方政治家的回忆录有所不同，我们受到
的限制更大，留下很多空白点。有些事情不说，令人觉得
更加神秘。如实披露，也并非像想象的那么可怕，历史毕

竟是历史了。西方记者（其中许多是与高层有密切往来的记者）对中国的观察和记录，无疑为历史补足了许多重要的细节。

**李辉：**美国记者还是比较单纯，对政治斗争的复杂性估计不深。有一个《红色中国风暴》的作者，名字一下子记不起来。他曾经在延安见到王实味。

**祝勇：**被拘捕以后的王实味？

**李辉：**是的。他看到王实味的状态特别好，对他的表态都很好，他相信作家没有挨整。但是不久，王实味被处决了。还有一批与蒋介石政府关系密切的记者，也提供了许多重要的历史细节。如果将这批著作整理出版，将使民国史更加全面和生动。

**祝勇：**翻译方面难度很大。我组织《西方视野里的中国形象》丛书时，最难的就是寻找合适的翻译。不但译笔流畅生动，更重要的是译者要有历史方面的知识储备，甚至是这方面的专家。

**李辉：**现在再找像董乐山那样的翻译家，已经很难了。包括阅读的一些已出版的中文资料，翻译上错谬百出。比如把"蓝衣社"翻译成"蓝衫党"，数不胜数。

沧桑看云

**祝勇：**您对现代知识分子的研究起步于何时？

**李辉：**我大二就开始做巴金研究了。

**祝勇：**那是 1978 年。

**李辉：**我的毕业论文就是写巴金，和陈思和合作的。看了很多原版书。过去研究巴金都是根据 1957 年《巴金选集》，而不是根据原著。巴金翻译了许多无政府主义著作，二三十年代还发表了许多政论文章，这些我们以往很少

巴金晚年

看到。大学时代我就开始接触原始资料，到徐家汇的老图书馆，第一次看到《良友》《时事新报》《学灯》副刊等，大开眼界。从那时延续到现在，也有二十多年了。毕业后，我分配到《北京晚报》，与老一代文化人有了直接接触，开始写传记，研究性文字写得少了。我先跑文艺副刊，办《居京琐记》这样的栏目，我约的作者大部分是 60 岁以上的老人，像邵燕祥、王蒙这些作家，在当时都还算年轻的。我在新闻版上还开了一个专栏，叫"作家近况"，我自己拍照片——用很简陋的照相机拍黑白照片，与自己采写的文字一起发表。当时采访了胡风、萧军、路翎、艾青、卞之琳、秦兆阳等人。

**祝勇：**这些照片现在也成"老照片"了，也是历史资料了。

**李辉：**我现在出书，这些照片都派上用场了。

**祝勇：**您的研究对象，似乎主要是体制内知识分子，像周扬、郭沫若、胡风、田汉、吴晗，甚至姚文元，这一点与谢泳不同，主要研究自由主义知识分子，西南联大那一批。

**李辉：**我没有考虑什么体制内体制外的问题。我对现当代知识分子的研究，除巴金以外，实际上是集中在"右派"群体，像"胡风集团"，像刘尊棋等。这些人很难简单化地用体制内或体制外来区分。他们总体上是 1949 年以后不得志的一批作家和学人，像沈从文、萧乾等。

**祝勇：**您的老师贾植芳先生对您的事业影响很大。

**李辉：**是的。我当时接触的群体主要是两条线索。一条是巴金这条线索，一条是"胡风集团"这条线索。像冰心、萧乾、沈从文、卞之琳这些作家，主要是围绕在当年文化生活出版社周围这批人，我都是通过巴金介绍认识的。而"胡风集团"这条线，我也在上海时期就开始联系。贾植芳是"胡风集团"成员，他经常和耿庸、罗洛、何满子等人聚会、吃饭、谈天。我虽然是小孩一个，但经常和他们在一起。后来又与武汉曾卓建立联系。1982 年我到北京后，通过贾植芳写信介绍，与胡风、路翎、绿原、牛汉等都熟悉了。那些老人对我也非常好，比如我从唐弢、范用那里借书，借条都不用写，喜欢哪本拿哪本，用后归还就是。

　　我把自己的研究兴趣和自己的职业结合起来，相得益彰。他们对我的工作和对我的研究都很支持，经常写信给我订正史实。晚上有时不想写东西，我就把这些信都录入了电脑。萧乾给我写过200多封信，冰心给我写过几十封信，黄裳写过几十封，曾卓写过30多封，冯至、卞之琳等都写过。开始与他们的交往，写一些关系他们的文章，几乎都是无意识的。比较成形，是1988年我写"胡风集团"。

**祝勇：**您最早有影响的著作就是那本《"胡风集团"冤案始末》。

**李辉：**先在《百花洲》上发表，而后由人民日报出版社出版单行本。后来在台湾和香港地区，还有日本先后出版。到目前为止，我认为这是我最重要的一本书。

**祝勇：**但你的影响主要来自在《收获》连载《沧桑看云》。

**李辉：**《沧桑看云》能够反映出视野的独特和文字上的追求，但从下苦功夫上讲，《"胡风集团"冤案始末》更有代表性。别人超越《沧桑看云》是完全有可能的，但是《"胡风集团"冤案始末》，驾驭起来就不那么容易。我是32岁

1979 年，周扬与胡乔木在文代会上

写的这本书，这对我来说是一个挑战。我从 70 年代末开始
接触"胡风集团"，到 1988 年写完，1989 年出版，中间
是 10 年的努力。

**祝勇：** 十年辛苦不寻常。

**李辉：** 此书涉及数百人，我直接采访的就有上百人，阅读了大量有关资料。我到《人民日报》后，正好《人民日报》编报史，我就主动领任务，就是 1955 年"反胡风运动"的过程，以这个理由就进了《人民日报》的机要室，看到了当年的原件，包括舒芜的原信是什么样的，校样上邓拓是怎么改的，胡乔木是怎么改的，都历历在目。我做了很多记录，但在当时不敢公开。现在根本不可能再进去看。这是很重要的机遇。当时并没有决定很快去写，只是意识到当事人的年纪都很大了——我 1982 年到北京的时候，胡风已经 80 岁了，身体都不太好，我想应该先把这些资料抢救下来，也许十年二十年以后可以写。这样就先后与胡风、路翎、鲁藜、冀汸、绿原、曾卓等接触，由于我是贾植芳的弟子，他们都信任我，而且对我都十分关爱。那时候"胡风集团"还没有平反，到 1983 年才平反，关于他们的文字还不准见报，我当时写了一篇关于胡风近况的文章，在北京发不了，后来在广州《羊城晚报》发了。

　　《"胡风集团"冤案始末》出版以后，我收到大量读者来信，其中很多人都被卷入"胡风事件"的漩涡中，受到牵连，读到这本书后，他们都很激动。这些信我至今保留着，希望将来有机会编成一本书，看看"胡风事件"对中国造成了多大的影响。

**祝勇：** 由于您的恩师贾植芳先生是"胡风分子"，所以关于"胡风集团"的论述，很容易变成情绪化的控诉。替受害人鸣冤固然必要，但更重要的是进行历史反思。这本书的可贵之处在于它超越了"胡风集团"的利害得失，站在历史的高度上看待问题，这对于一个年轻学人来说，非常重要。

**李辉：** 从我个人来讲，也想跳出个人的恩恩怨怨，更客观地看历史。我在书中最早提出历史怪圈——1955 年反胡风的那些人，到 1957 年又被打成右派；1957 年反右的那些人，到了后边来又被打倒。"反胡风运动"的领导者周扬、罗瑞卿，后来都跟胡风一样被关进秦城监狱。那本书就是用这样的语言写的。

**祝勇：**《风雨中的雕像》也是这样写的。我的印象很深。你还引了罗点点的话，说两个悲剧有惊人相似之处，11 年前，梅志奔走的那条通往秦城监狱的路，11 年后是她们在奔走，实在带有某种嘲弄意味。

**李辉：**《"胡风集团"冤案始末》出来之后，有几位"胡风分子"对我不满，一方面认为我把周扬写得太"好"了，另一方面认为我把他们真的写成了一个"集团"。我觉得这正是这本书与众不同的地方。反对胡风，周扬固然是马前卒，但是根子并不在他这里，他只是一个执行政策的人，这场悲剧的根源还在于当时的体制，它是当时知识分子政策的必然产物，是中国当时整体的政治环境和文化环境造成了这样一场冤案。后来邵燕祥写过一篇文章《纵是集团又何妨？》。知识分子本身没有必要为一些个人恩怨搞来搞去，到最后谁也逃脱不了。知识分子的使命是进行文化创造。

**祝勇：**由于许多当事人都离开人世，所以自你这本书之后，对"胡风集团"的调查再深入下去，几乎不可能，只能止步于此。

**李辉：**独家的采访和扎实的史料，使这本书具有价值。但是也有遗憾。现在回想起来，我后悔没有去找周扬，其实当时我是有机会去找周扬、找丁玲的。舒芜我没找，是因为舒芜不同意。我给舒芜写过信，还跟贾植芳到舒芜家吃过一顿饭。

**祝勇：**贾先生居然如此宽容。

**李辉：**贾先生是非常豁达的人。舒芜给我回的第一封信同意谈，过两天又变卦，不想谈了。

**祝勇：**你见过周扬吗？

**李辉：**见过，都是开会，他做报告。他地位很高，我又是小年轻，即使找到他，他也未必肯谈。但今天看来，能找到这几个人是最好的：胡乔木、周扬、陆定一，我都见过，但是没有采访。要是采访到他们，这本书价值就更大了。80 年代如果有现在这样的意识，就太好了。

**祝勇：**那时 20 世纪许多重要的文化大师都健在，文化资源太丰富了。

李辉与贾植芳先生合影

**李辉：**上个月我去上海见巴老时想，80 年代如果能够跟巴金做一个访谈录，就太好了。巴金到目前为止都没有口述回忆录。最重要的是没有跟周扬、胡乔木做访谈。当然，胡乔木当时在台上，不好找，但是找陆定一谈还是可能的。

**祝勇**：人们在谈历史问题时，难免结合个人利害进行许多巧妙的取舍。无论是发表回忆录还是日记，都经过剪辑，接受采访就更不用说了。这是否反而构成一种迷雾，让历史的探访者迷失在他们制造的迷宫里？

**李辉**：情况不完全是这样。从悲剧中走出来，许多知识分子还是能够自剖的。书的后面写到，胡风去世以后，贾先生、曾卓等几位老人见面，谈到自己时，都说到自己太"左"了，太偏颇，对沈从文、朱光潜都不容，连姚雪垠都容不下。但是我想，作为文人，只要不是依靠权力来压迫别人，对别人的作品有不同看法是正常的，不必苛求。但是，如果诉诸权力，就不同了。对这些历史老人，我觉得应该宽容地看待他们。毕竟，他们在历史中发出自己的声音，现在看来是站得住的，而且他们已经为自己的思想付出了代价。他们的思想为我们今天的思考提供了阶梯，况且有很多地方我们还未必比得过他们。当然，他们也有自己的局限性。

**祝勇**：有人说，胡风也是很"左"的，甚至假想胡风如果上了台会怎么样。

**李辉**：在当时体制下，胡风是不可能上台的。这是一个重要前提。他的个性、价值取向决定了这一点，也决定了他从骨子里是个文人，而不是政客。

　　胡风在监狱里得了精神分裂症，这也与他的文人性格有关。他毕竟还是文人、诗人，一直在思考自己的问题，永远在解释，在交代，讲他与鲁迅的关系，讲与周扬的矛盾，继续给中央上书，个人历史问题郁结在心头，挥之不去，不能把思维转移到别的问题上去，转移到更抽象的哲学课题上去。聂绀弩与胡风同等境遇，但他就更洒脱，他绝对不会得精神分裂症。像绿原，就在监狱中学成了德语，他仅仅根据一本辞典自编一册德语文法，最后修炼成一位德文翻译家。如果胡风在监狱中能够超脱个人悲剧，将思维引入学术领域，哪怕写一本关于鲁迅的书，那都是非常了不起的。就像舒芜写周作人，如果胡风能够写鲁迅，那将是无人能取代的。当然，牢狱生活是痛苦的，但是许多知识分子的境界能够在监狱中升华。

**祝勇：**像陀思妥耶夫斯基。

**李辉：**我同意曾卓的判断，胡风本质上还是诗人，不是哲学家，他容易受到情绪的影响，而不易进入冷静理性的思维状态中去。我为胡风没有在炼狱中升华感到遗憾。我并不是苛求他们，假如他们能够进入另外一个境界，他们对中国文化的贡献将更加巨大。

静听回声

**祝勇：**我读过您与蓝英年先生的对话。不知您是否将中国知识分子和苏联知识分子进行过比较研究。

**李辉：**这个问题比较复杂，很难一概而论，中苏知识分子生存背景不同，而且苏联文学有着俄罗斯文学的悠久传统，是历史传统的延续，而中国文化界没有写小说的传统，话本实际上属于民间文学范畴，不登大雅之堂，现代意义上的小说实际上是外来文化，发展时间并不长，因而没有震撼人心的反思小说，也是可以理解的。

如果就个体进行比较，中国也有陈寅恪、顾准、遇罗克这样的人，苏联作家也有卖身投靠的。苏联有很多流亡作家，写流亡文学，而中国没有流亡作家。有些问题不能做简单的类比，没有进行认真的技术统计、资料整理、比较研究，泛泛地谈这个问题是不行的。况且，当时的地下文学，并没有公之于世。

**祝勇：**20世纪六七十年代期间的地下文学，是一股很大的力量。

**李辉：**我头手就有好几部地下的作品，像《杜高档案》，还有《孙越生文集》等，思想含量是很高的，读了以后，也许人们对劫难中的中国知识分子有另一种认识。

采访时间：2001 年

整理时间：2023 年 7 月

# 1957

鲁迅是药，不是饭

孙郁

鲁迅热一直没有中断，没有因时代特点的变化而变化，就是因为鲁迅思考的是人类的根本困境，是「生存还是毁灭」的大问题，与加缪、卡夫卡等西方作家后来思考的问题不谋而合。

Interviewee

采访对象 _

# 简介

孙郁，1957 年出生于辽宁省大连，中国著名学者、作家。1988 年毕业于沈阳师范学院 ( 现沈阳师范大学 ) 中文系，文学硕士，曾任鲁迅博物馆馆长、中国人民大学文学院院长。中国作家协会第九届全国委员会委员，中国鲁迅研究会会长。20 世纪 70 年代开始文学创作，80 年代起转入文学批评和研究，长期从事鲁迅和现当代文学研究。主要著作有《革命时代的士大夫——汪曾祺闲录》《鲁迅忧思录》《鲁迅与周作人》等。

我到报社找孙郁的时候，看见孙郁的办公室里摞着一捆捆的书籍。这时我才知道，孙郁在离开鲁迅博物馆 10 年之后，即将回去担任副馆长。

鲁博是清苦的学术机构，收入只有报社的几分之一。他办手续的时候，许多同事不理解。孙郁年过 40，已到了学术上的成熟期，我想，这应是他最好的去处。他打算去鲁博后，把鲁迅的藏书读完，这样既有利于探究鲁迅知识结构的成因，又便于在当时的话语环境中观察鲁迅。

孙郁，鲁迅研究专家。本名孙毅，曾做过知青。著有《百年苦梦》《鲁迅与陈独秀》《鲁迅与周作人》《鲁迅与胡适》等关于鲁迅和现代知识分子的学术专著。主编有《回望鲁迅丛书》(共二十二卷)等。

与孙郁谈话的这一天夜里，中央电视台《人物》节目恰好播出电视片《鲁迅》。

在学校一间破陋的
图书室里第一次读到鲁迅

"

**祝勇：** 今年是鲁迅先生东渡日本 100 周年，中日两国学术界都将进行纪念。您刚刚率一个文化代表团访日归来，据说您还打算举行一个鲁迅研究国际研讨会。鲁迅是中国 20 世纪最重要的思想家和文学家，他对中国知识分子思想走向的影响是无与伦比的。他受到的关注最多，遭到的谩骂也最多。关于鲁迅的研究，已经成为一门显学，他从鲁迅同时代开始，到今天还是热门，从来不曾冷落。同时，他也是一个最孤独的人。进入鲁迅精深的思想领地，并不是一件容易的事情。李泽厚先生曾说："鲁迅始终是那样独特地闪烁着光辉，至今仍然有着强大的吸引力，原因在哪里呢？除了他对旧中国和传统文化的鞭辟入里、沁人心脾外，我以为最值得注意的是，鲁迅一贯具有的孤独和悲凉所展示的现代内涵和人生意义。"我记得您写的第一部关于鲁迅的专著，名叫《二十世纪中国最忧患的灵魂》。请您谈谈当时的情况。

**孙郁：** 我从事鲁迅研究，是从（20 世纪）90 年代初开始的。其实我的毕业论文研究的是巴金，但是我始终对鲁迅怀有感情。我还记得第一次读鲁迅先生的著作是在 1968 年。在学校一间破陋的图书室里，读到一本旧版的《呐喊》，同时看到的，还有一本薄薄的《鲁迅传略》。那时候读不懂鲁迅文章，也不知道他的具体身世，所以要读先生的书，一是书的来源渠道很窄，在我们那个镇子里，是看不到什么书籍的。

**祝勇：** 鲁迅著作是"十年浩劫"中为数不多的合法读物之一。

**孙郁：** 另一方面，听大人们介绍过他，说在他书里，可以找到人生答案。我的出身不好，我父亲是国民党起义投诚人员，后来被打成"反革命"，我们全家在 1960 年被下放到农村劳动改造，我是在农场长大的。我几乎是在一种绝望的心境下，读到鲁迅的著作。我知道自己并未从本质上把握了那些文字，但是，那种幽愤的情思、沉郁的人间情怀，给我触动很大，令我至今难忘。在先生深广的咏叹里，我感到一种深切的心灵呼应。

后来我参加1977年高考，虽成绩不错，但因出身问题，很难被录取。几经努力，才被大连师专录取。我的老师叶德浴先生是十分优秀的鲁迅研究专家，曾经写过《〈天演论〉与鲁迅早期思想》，他将鲁迅的思想脉络梳理清楚，使我对鲁迅有了比较清晰的认识。1988年，我毕业分配至北京鲁迅博物馆，编《鲁迅研究月刊》，开始接触唐弢、王瑶、钱理群、赵园等国内最好的学者。（20世纪）90年代初，心情比较沉闷，调入北京日报社，想接触社会。有意思的是，我在鲁迅博物馆没写关于鲁迅的书，却在离开鲁博后开始了鲁迅研究。你刚才提到的那本，是我在1993年出版的，是我的第一本书。

## 鲁迅重新成为热点

**祝勇：** 我最早知道您的名字，是因为您编了《被亵渎的鲁迅》一书。这本书在读书界引起的震动非常大。后来又有人搞了许多类似的书籍。把鲁迅由一个众人膜拜的个体，还原到他所处的真实话语环境中，您是第一人。

**孙郁：** 那是 1994 年的事。这本书印了五六万册。那时我到《北京日报》工作不久，有一次我去文怀沙先生家，诗人张志民正与文先生谈到这本书，他们不知道我就是这本书的编者，可见此书在当时确有影响。

**祝勇：** 您好像十分注重横向研究，不把鲁迅从话语环境中剥离出来。您写《鲁迅与周作人》《鲁迅与胡适》，将鲁迅与同时代大师进行比较研究，似乎别人没有这样做过。

**孙郁：** 以前有人写过类似的比较文章，舒芜、钱理群先生关于周作人的专著中也涉及与鲁迅的比较，但作为专著系统分析，还没有过。我觉得我做得不够充分，感性认识太多。

**祝勇：** 止庵先生说过，想对鲁迅与周作人进行文本比较。这个课题很有意思。

**孙郁：** 很有必要。也许这个工作只能止庵来做。

**祝勇：** 不管怎样，这是您走的一条新路。

**孙郁：** 钱理群先生在北大给日本、韩国留学生上课，发现很多学生在作业中抄这两本书，他全给他们不及格，说，不要以为你们有几个臭钱，在中国留学就能拿到高分。近年，我在北大、清华讲课，还编了一些关于鲁迅的史料。我在学术上没有什么更高的建树，我给自己定位是鲁迅思想的普及者和传播者。

**祝勇：** 您的确做了很多工作。据说林贤治《人间鲁迅》的重新出版就是您推荐的。王乾坤的出现也与您有关。

**孙郁：** 我是从鲁博一堆沉积了多年的旧稿中，发现武汉社科院王乾坤的手稿。拿出来的时候，全都是灰尘。一读便知是高手。我便开始发他的文章。他后来写了《鲁迅的生命哲学》，是目前最杰出的鲁迅研究者之一。

**祝勇：**（20世纪）90年代以后，鲁迅重新成为文化界热点，您的工作似乎起了推波助澜的作用。90年代初，文化界比较沉寂，1994年《被亵渎的鲁迅》出版后，文化界的目光一下子被吸引到鲁迅身上来。

**孙郁：** 鲁迅在（20世纪）80年代曾经热过，鲁迅思想和新康德主义、荣格思想一起，成为新启蒙运动的重要思想来源。鲁迅在90年代中期以后再度成为思想界热点，不能说是与我编了几本书有关，是社会发展的必然。

**祝勇：** 世纪初的思想，为什么会在世纪末得到呼应？

**孙郁：**90年代以后，物质的黑洞开始出现，以极大的力量，将人们吸纳进去。物质和技术专制开始出现。人们发现，即使在"后现代"社会，人们依旧没有摆脱被役使的命运。况且，中国是否进入"后现代"，还是个问题，封建的残余因子还存在。这时，人们发现越来越应该以鲁迅的思想来分析现实。90年代以后的学术争论，比如王晓明他们搞的"人文精神讨论"，就是以鲁迅为出发点的。当今中国确有一些学者，自西方归来，满口西方话语，成为哈佛、剑桥的二道贩子，他们没有"问题意识"，不清楚问题是怎样产生的，只是转手倒卖一些德里达、哈贝马斯。其实，西方有西方的问题意识，他们的问题产生于他们本土，而不是中国。对中国问题看得最深最透的，就是鲁迅。我们即使在今天也不觉得鲁迅文章过时，就是因为鲁迅具有问题意识，他触及了中国的根本。

**祝勇：**上海学者张远山先生多年前曾经做过一个有趣的游戏，他编了一辑鲁迅的话语，发表在《光明日报》上，竟然句句切中当前的时弊。证明鲁迅论证的问题不是无关密要的枝蔓，并未因时间流逝而消失。而中国当下学者，对

问题的把握，比起"五四"一代，也难说有太大进步。

**孙郁：**在语言学、叙事学等微观方面，是进步了。但是在生命哲学上，并没有进步。现在学术越来越技术化、门类化，学者们越发成为熟练操作学术工具的工匠，而不是思想者，缺乏鲁迅的生命质感。鲁迅的回归，就是必然了。

**祝勇：**工业社会如同封建社会一样，都在对人性形成束缚和规范。人道感是建立在生命价值的永恒的认可之基点上的。可人生的多厄，以及彼岸的不可预测，使我们常常陷入矛盾的境地。

**孙郁：**执着于现在，和虚妄相抗争，是先生哲学意识中最迷人的地方。我确实感到中国人在对"现在"这个问题上，是交了白卷的。我们的古人教导我们要按祖宗的遗训办事，那是要复古，或说是保古。而佛教又把未来的施舍给了我们。把一块净土，作为人生追求的目标。中国的古训，很

1928 年 3 月 16 日，鲁迅在上海景云里寓所

少告诉人们怎样把握"现在"的,于是便多了先生所说的"瞒与骗"的文字。

眼睛不盯在"现在",那便只好在幻想中存活。我记得在乡下时,百姓的生活是很苦的。但到所谓"狐仙洞"旁点上一炷香,也顿时变得飘飘然起来。阿 Q 在苦境中过活,确未发现有过什么痛感,照样还可以在自欺自贱中快乐地应付生命的时光。有人说中国人是珍惜生命的,这要打一点儿折扣。我觉得我们时常将自身委于一个不存在的形式里,不知道己身的价值与意义。稍有一点儿独立判断的人,有时也会被庸众的力量所排挤,最终也使自己同化于世俗的王国里。我看到胡风、路翎等人从监狱里被释后,写下的那些文字,深感同化力量的严酷。胡风曾经多么有个性,可在几十年的监禁中,个体的思想与古旧的传统,最后还是吻合了。这种力量,非个人所能抗争,所以人们的精神,要彻底更新换代出来,实在不易。国民性的这一特点,倘不改掉,是不行的。不懂得生命意义在于自己成为自己的主人,那是天下最悲哀的事情。

**祝勇:**鲁迅先生说:"我们常将眼光收得极近,只在自身,或者放得极远,到北极,或到天外,而这两者之间的一圈可是绝不注意的……”泛政治化时代，国人将目光放得极远，目力可及全世纪三分之二的受苦人，而当下，眼光又收得太近，像显微镜，只关心身边一点儿芝麻谷子，失去精神支撑。

**孙郁：**西方工业文明使人们重新沦为主奴关系。鲁迅接受尼采的超人哲学，也是因为他看到这一点，他反对人们再度成为奴隶。鲁迅一生都在反对外在的力量把人变成非人。这是到现在还解决不了的问题。鲁迅热一直没有中断，没有因时代特点的变化而变化，就是因为鲁迅思考的是人类的根本困境，是“生存还是毁灭”的大问题，与加缪、卡夫卡等西方作家后来思考的问题不谋而合。中国还没有一位作家能像鲁迅这样具有国际性。茅盾这些作家都不在这个层面上。

## 鲁迅是药，不是饭

**祝勇：** 鲁迅似乎永远以现实批判者的身份出现，而对当下中国知识分子来说，是否更应当承担文化建设的道义责任？

**孙郁：** 北大学者高远东说得好，鲁迅是药，不是饭。用药来充饥，显然是可笑的；但是用鲁迅的药方治病，情况就大不一样了。胡适这些自由主义知识分子试图解决的都是技术层面上的问题，比如具体的社会动作，他们是饭。

**祝勇：** 对此，朱学勤先生也曾有过一段论述，我觉得挺有意思。他说，知识分子应该分几个层面，如按现实主义，或者技术操作型和知识批判型来分，我们检讨过去，可以得出这样的看法——最好是"左"派在野，右派在朝；浪漫主义在野,现实主义在朝;社会抗议在野,技术操作在朝。按照朱学勤先生的说法,就应该是胡适一脉在朝,鲁迅一脉在野。我理解,建设和批判,只是分工有异,其实都是知识分子的责任,二者既相互牵制,又相互合作,彼此交互作用,缺一不可。

**孙郁:**我来举日本的例子。战后美国占领日本,引进西方政治制度,天皇沦为平民,神道也消失了,日本的人文知识分子陷入精神危机。他们在思考,在这样的困境中,如何建立日本文化,知识分子应该采取什么样的态度对待人生,对待社会。他们最终从鲁迅那里获得了思想资源。

**祝勇:**这恰好证明,仅有饭是不够的,因为日本的民主制度并没有从根本上解决人的危机。西方民主不能包治百病,不能解决深层次问题。

**孙郁:**鲁迅在日本的影响非常大。胡适、周作人都无法与之相比。周作人附逆,做了汉奸,知道他的日本人反而不多,十分可悲。日本知识分子选择鲁迅,自有它的道理,它是与历史条件相呼应的。如同陶潜,在隋唐以前并没有热起来,

1933 年 2 月 17 日，鲁迅与萧伯纳、蔡元培合影

鲜为人知，唐代以后才广为人知，是因为隐逸成为知识分子躲避主流社会的一种渠道。再如前几年陈寅恪、顾准热起来，是人们意识到了学术的独立价值。

**祝勇：** 鲁迅思想中是否也存在负面的东西？

**孙郁：** 我认为先生的认知模式有一个缺陷，这就是对非功利性的文化有些忽略，对文化生态环境，缺少宏观的审视。在先生的情绪中，常常有一种独断论的东西。我以为这是很不易把握的，它容易使人陷入一种单值的价值判断中。所以，准确地了解先生的思路，在我看来并不是一件容易的事情。

**祝勇：** 当下许多文人把这种独断论视为鲁迅最重要的精神遗产，这是走偏了。后世文人对鲁迅的所谓继承，很多是建立在误读的基础上。有些误读是有意的，是一种歪曲；有些误读则是出于时代及个人视角的限制。我能从当代学人，甚至青年学人的文字里听到鲁迅的腔调，却大多是赝品，是假冒的文物，他们强学鲁迅而又不得其神的尴尬令人发笑。他们简单化地把金刚怒目、睚眦必报等同于鲁迅精神，这倒真正是对鲁迅的亵渎，也是鲁迅的悲哀。

**孙郁：**这种情况的确存在。钱理群先生曾经在与我交谈中形容这些人是"一学鲁迅就成流氓，一学胡适就是作秀"。但这不是鲁迅的责任。希特勒还从尼采那里吸取过精髓，但我们不能说尼采是纳粹分子，道理是一样的。

**祝勇：**鲁迅的所谓"负面影响"，多是那些以鲁迅传人自居者人为造成的。至于张广天的歌舞剧《鲁迅先生》、小剧场话剧《切·格瓦拉》，更主要的是商业行为，是市场经济时代制造的文化时尚，与长着一字胡的中国思想家，以及南美丛林里的革命家，都没有太大的联系。

访谈时间：2000 年 3 月 8 日下午

整理时间：2023 年 7 月

# 1959

Interviewee

采访对象 _

沉默的彼岸

宁肯

不仅仅是我，其实现在还有其他作家也都在往前走，只不过现在还不是特别被人注意，等到这个时代水落石出的时候，我们在清理这个时代的时候，会发现很多好东西，我绝对相信。

Interviewee

采访对象 _

简
介

宁肯，1959 年生于北京，北京作协签约作家，《十月》杂志常务副主编。中国作家协会第九届、第十届全委会委员。1980 年开始文学创作，发表诗歌作品，有关西藏的系列散文使其成为"新散文"创作代表作家。已出版有《蒙面之城》《沉默之门》《环形山》《天·藏》《三个三重奏》等长篇小说。作品先后获第二届、第四届老舍文学奖，首届施耐庵文学奖，第七届北京文学艺术奖，以及第八届茅盾文学奖提名、首届香港"红楼梦·世界华文长篇小说奖"提名、首届美国纽曼文学奖提名。有《宁肯文集》出版。

结识宁肯本应很早，大约在20世纪90年代末，当时一些年轻的散文写作者在北京大学附近的一个酒吧举行朗诵会，有苇岸，有冯秋子，也有宁肯。但因为与此同时有一场重要的足球赛，我就没有去，使我永远失去了与苇岸见面的机会（苇岸于1999年去世，时年只有39岁），与宁肯的见面，也往后延了很多年。

1999年，云南人民出版社出版了一本书叫《聆听西藏——以散文的方式》，我在这部书里，读到了一篇《藏歌》，第一句话就令我震惊："寂静是可以聆听的，唯其寂静才可聆听。"从此记得了它的作者——宁肯。

后来我加入北京作家协会，宁肯也是北京作协签约作家，我们终于有了见面的机会。我们都是"新散文"的主力，文学观念相合，因此成了好朋友。这么多年来，宁肯和我成为文学上的"莫逆"。我进入故宫博物院工作以后，开始故宫题材的写作，也是在宁肯的鼓励下，在他担任副主编的《十月》杂志上，开设了《故宫的风花雪月》和《故宫的隐秘角落》两个专栏。

宁肯的作品有很强的哲学性，尤其是小说代表作《天·藏》，简直就是一部哲学小说。或许，只有这样的哲学性，才和西藏的主题相配。宁肯是耐得住寂寞的人，他扎扎实实地写，从来不求热闹，不往聚光灯底下站。他的这种气质，我想很大程度上来自西藏的赐予，对我，也是莫大的激励。

西藏的寂静是可以聆听的

**祝勇:** 你好,宁肯,今天难得有时间,我们一起聊聊你的创作。我们先说说你的笔名吧。

**宁肯:** 我最早用这个笔名,是从西藏回来写的两篇散文。

**祝勇:** 比《沉默的彼岸》还要早?

**宁肯:** 比《沉默的彼岸》还要早,应该是 1986 年,韩少华编《散文世界》,约我写西藏。当时我写了两个,一个《天湖》,一个《藏歌》。然后那时候我就想到使用笔名,然后就想到用"宁肯"这两个字,因为我觉得"宁肯"这个含义呢,有点……比较符合我的性格吧,而且也朗朗上口，好记。

**祝勇：**我觉得这两个字里面，包含某种决绝的成分，我感觉你也是挺拧的。跟文坛上其他的作家相比起来，我觉得在你的性格里面包含着某种果决的因素。比如说现在的文学，越来越边缘化，而且越来越世俗化，在网络文学的冲击下，很多作家开始就低，变得越来越浮躁。但是你写作一直坚持这种非常严肃的一个路线，而且写得非常扎实，十几年出一个作品，所以，就是如果没有一个很让你激动的作品出来的话，你宁肯不写。这个是你天生的性格？

**宁肯：**这种性格呢，其实北京话有一个词叫轴，什么叫轴，就是有一个事感觉过不去，他就跟这个感觉耗上了，有点画地为牢的意思，或者说钻牛角尖，非要把它钻通，我宁肯怎么样也不怎么样，所以就有这种比较轴的感觉。我写作吧，也是有这种情况，如果要是不把它写好，我就宁可不写，或者停下来，或者我反复地改，直到我感觉到了，我才能够把这个东西拿出来。

**祝勇：**其实我觉得你的作品量还是不多。

**宁肯：**对，量不多。

**祝勇：**你从（20世纪）80年代开始写作。

**宁肯：**我实际上从上大学就开始写作，1979年上大学就开始写诗，1979年，1989年，1999年，应该说有30年了。

**祝勇：**30年出了4部长篇，还有散文，散文有多少？

**宁肯：**如果说纯散文，可能连一本散文集都不够。不包括随笔，就是所谓的"新散文"。你也是"新散文"的主将，从最严格的"新散文"定义来讲，可能我估计连20万字都不到，其他的我就觉得很难称得上是散文的东西。

**祝勇：**所以你对自己的作品，自己的写作非常的苛刻，就是这种苛刻，酝酿出像《天·藏》这样非常优秀的作品。好像是你到西藏以后呢，把你封闭到一个属于自己的世界里面。去跟自然，去跟西藏来对话？

**宁肯：**对。你刚才念的这里面，其中有两个非常重要的东西，一个是阅读的感觉，一个是视觉，阅读是那种完全超现实的，没有其他事物，就是比较封闭的，甚至是一种幻觉的，在幻觉中阅读和在读中出现的幻觉，这个阅读本身已经感觉到西藏的高度，那种没有边界的感觉，同时呢，每天视觉上一出门看到山村外的那片冬天的树林。

**祝勇：**所以我觉得你到西藏以后，好像把你自己全部的感官都打开了。比如说你的视觉、嗅觉、听觉都非常的敏锐。

**宁肯：**不敏锐也不行，因为什么，因为它那个地方，就是一个让你打开的那么一个地方，因为我到的是一个在拉萨边缘的地方，是 80 年代拉萨的西郊，当时西郊建筑物很少。

**祝勇：**现在的拉萨也不大。

**宁肯：**对，当时哲蚌寺那一带是很荒凉的。

**祝勇：**当时是哪一年？

**宁肯：** 1984 年。我作为援藏教师到了西藏，当时我们能够留到拉萨城里的有两拨人，教师 28 人，有 20 人是留在拉萨城里，然后有 8 个人去到郊区，很多人都不愿意去郊区，当时我非常主动要求去郊区，因为我就是想找那么一个所谓诗意的栖居，我觉得拉萨城里还不够诗意，不是我想象中的西藏，我想象的西藏首先是一个旷野、草原、河流、寺院，拉萨的郊外正好符合我这样一个感觉。

**祝勇：** 所以你去了以后，是不是觉得挺满足。

**宁肯：** 非常满意，完全算是一个理想之地吧，我觉得就像海德格尔说的那样，诗意的栖居，那个地方。你看最高处是寺院，寺院下面是一个刚才你念的冬天的树林，树林的下面是一个村子，藏式的村子，黑白色调的村子，然后挨着村子就是我们这所学校，学校边上就是公路，公路过去就是拉萨非常有名的地方，叫拉鲁湿地，大片湿地，过了湿地就是拉萨河，所以你看它这个层次非常非常的好。

**祝勇：** 你住在什么地方？

**宁肯：**我就住在学校里。学校当时给了我一间，他们叫作白铁皮房子，但是他那房子都是用岩石砌的墙，四面是垒起来的，质感也非常强。

**祝勇：**离村落也近。

**宁肯：**离村落也近。

**祝勇：**这样的环境，你想打开的时候，你可以找人去聊天，去寺庙里面，去感受氛围。

**宁肯：**可你要不做老师，谁也不认识，你不可能到人家里边去。那么我有一种特权我是这个村子的老师，很多村民都认识我，家长也认识我，散步的时候看到学生我就可以到他们家里去拜访，非常自然。一般人进藏，你不是老师，那种游客，总隔着一层，你很难融进去。那么我当时那个状态，村民都知道我是老师、先生，西藏人是很尊重老师的，管老师都叫"给拉"，藏语叫"给拉"。他们邀我进去喝一杯茶，我坐那儿，有时候他们汉语说得不好，孩子也就是我的学生帮我翻译，然后我呢，再把孩子的学习表现介绍介绍，喝点茶，出来，又开始走。我觉得有一个事情我印象特别深，就是我在我们学校旁边散步的时候，进到了一个家境不是很好的学生家里。一般来说，就是家境比较好的，家里比较富裕的愿意让你进去，家里环境不太好的，他会有点回避你。我就有一次进了一个边缘的学生的家里边，进去之后呢，他们家没有客厅，把我请进经堂里，藏族人家里边，不管有多么贫困，都有佛龛。

**祝勇：** 有经堂。

**宁肯：** 对，有一个小小的经堂。是一个心灵的地方，礼佛的地方，这家主人就把我引到那个地方，经堂里边，非常简陋，但是非常干净。

**祝勇：** 他想表示他的隆重。

**宁肯：** 隆重，干净，而且把你作为一种神圣，你知道吗，一般说来经堂是不待客的。

但是面对我这样的客人，这家主人不知道怎么办，就把我带到经堂里面，就给我喝茶，然后跟我聊天。西藏的房子一般是两层，下面放着牲畜，上面是住房。所以我进他们家的时候，一头牛很木然地看着我，有一些个味道，环境不是很好，上去以后有两间房子，非常普通简陋，唯独进了那个经堂，一下我觉得特圣洁。这个地方升华起来了，所以我觉得西藏人不管什么样的条件，有了这样一个精神之后，他们都是平等的，这个给我印象特别深。

**祝勇：** 从你的描述来说，你去的这个地方，西藏拉萨西郊这样一个地方，哲蚌寺旁边的一个村落，对于写作者来说是一个非常理想的地方。基本上你要什么有什么。

**宁肯：** 要什么有什么。

**祝勇：** 而且你进入他们的生活也非常方便，非常直接地了解了他们的生活、他们的喜怒哀乐。

**宁肯：** 对。

**祝勇：** 那当时你写作的状态怎么样，顺不顺利？

**宁肯：**当时的写作并不顺利，因为什么呢，其实当时最大的感觉就是说所有的西藏的一切都在震撼着我，从大的天空、山脉、草原，那种自然的又超现实的东西震撼着我，到小的每天的细节，像刚才我进到藏族家里面的佛龛，小经堂，这之中有太多的感受，可这些东西当时是无法表达的。你知道吧，这种东西实际上后来我给它总结了一下。后来你在散文之中，你也谈到过，引用过我这段话，就是西藏是一个什么地方，西藏非常类似于一个音乐的地方。

整个西藏的环境都有音乐的特点，而音乐的特点是抽象的、感觉的、非叙事的。比如我们听完贝多芬，听完莫扎特，我们感觉非常强烈，但是我们很难用语言表达。西藏有全部这样的音乐的因素，每个细节都像一个音符，每条河流都像一个旋律，每家人那个眼神都像是一种对你心灵的冲击，但当你面对这些东西的时候，你是没法表达的。

**祝勇：**而且，尤其不容易用小说来表达，小说有一个自己的逻辑在里边。西藏的那种生活，它不是逻辑性的。

西藏老人，祝勇摄

**宁肯：** 不是逻辑性的，因此也不是故事性的，故事都有因果逻辑关系，而西藏是无法用一个因果故事概括的，所以它更是一种音乐性的存在，一个抒情的、抽象的存在，所以要想把这种东西表达出来，特别用小说的方式表达出来，那是太难了。但是我觉得，我不是叫宁肯吗，就拧在这地方，我就想把这些无法表达的东西，感觉性的东西，音乐性的东西放在小说里边表达。

**祝勇：** 刚才你提到的 1979 年就开始文学创作，那就是说，在你进藏之前，你已经写了 5 年了。那你选择哲蚌寺这样一个地方呢，我觉得你也是带着文学的目的去的。那么在这么大的冲击面前，你看到有一种言说冲动。但是呢，你又一时很难去把握。这种感觉，这种纠结，这种矛盾给你带来一个什么样的影响。就像一个作者想写，但他又一时写不出来，找不到一个自己的战略的出口，是非常的困惑的。

**宁肯：** 非常的困惑。我那时候干脆打消了写作的念头，干脆地感受，就生活。

**祝勇：**就不写了。

**宁肯：**对！但是我要做一些非常重要的工作，就是用日记的方式记录我每天的感觉。

**祝勇：**就是还是为将来的创作做准备。

**宁肯：**对，为未来的创作做准备。就是说，我感受到这个事物对我的震撼，我先不考虑写作，而把它记录下来，做最原始的工作，不是上来就进入创作，我觉得那是不行的，必须好好地把我自己沉浸进去。所以比如说有些感觉留在日记里边，现在我回想起来，我就觉得非常好。比如说我在西藏那种——我与大自然，一个人刚刚醒来，看到的和听到的西藏的那种瞬间的感觉，我在日记中记录下来。我可以把它们概括为西藏的瞬间，一个人在西藏的瞬间，有时刚刚醒来，就像刚刚出世一样，世界是新的。某一天我就写了这样一篇日记：

　　大雪覆盖了拉萨四周的群山，今早一起床，阳光耀眼，群山铺上了银装，屋顶的雪正在融化，滴滴答答，隔壁蒋老师家的电视正播放钢琴独奏曲，金属的敲击，奏鸣的音响像阳光的波浪，在我梦醒的一瞬扩展，中间穿插着雪融的声音，真是美极了，仿佛一个明亮有声的梦，代替了另一个梦。我那样听着，一时只觉得世界变得那样单纯、明亮。除了钢琴，学生什么都不存在了，我一动不动，居然出现了幻觉，在白茫茫的雪原上，阳光普照而明媚，一架钢琴放在雪上，那是一架黑色透明的钢琴，一群鸽子在琴键上飞来飞去，美妙的音乐随着它们的起落，从那里响起扩展，阳光也是从那里流淌出来的，这时我的脑海中，像屏幕似的显示出一首诗的题目——高原，钢琴和雪。

**祝勇：** 感觉醒来以后你的知觉非常的敏锐。

**宁肯：** 非常敏锐。

**祝勇：** 就是每一个非常细微的信息，你全能把握住，产生联想。你有一句话我觉得写得特别好，就是仿佛一场梦境，取代了另一场梦。感觉特别的好，因为在西藏本身就分不出来是梦境还是现实，它的现实有点像梦境。

**宁肯：**对，现实和梦境有模糊的状态，这种模糊的感觉就是，你觉得醒了，可能又进入了另一个梦。

**祝勇：**这个梦它本身，跟现实非常接近。比如说你日记中描写一个黑色的钢琴在白的雪上面，就很梦境又很现实。

**宁肯：**对。

**祝勇：**然后鸽子在琴键上跳动。这是对梦的描写，但是又非常接近西藏的真实的那种感觉。

**宁肯：**没错，因为我曾经在一个散文里就描述过，布达拉宫就像放到西藏高原上的一架钢琴，因为布达拉宫那种梯形的结构，在那种大的原野上，黑白的窗户的琴键，它发出的那个声音，我觉得就是有点像钢琴的那种感觉。所以我觉得为什么后来我能够写出来，可能当时出现过这样的印象。

**祝勇：**我觉得你对声音和音乐特别的敏感。

布达拉宫，屹立在拉萨市区西北的红山上，祝勇摄

**宁肯：** 对，是的。

**祝勇：** 因为我读过你的一篇散文《沉默的彼岸》，收在当年一个散文集《聆听西藏》里边，所以《聆听西藏》出现一个《沉默的彼岸》，我就觉得特别的有意思，因为它是聆听，你是沉默。但是《沉默的彼岸》里面第一句话，我到现在还记得非常清楚，你是说，西藏的寂静是可以聆听的。所以我就觉得你对听觉、对声音非常的敏感。你刚才说，布达拉宫是一架巨大的钢琴，架在山的上面，我觉得非常有震撼力。

**宁肯：** 也是声音。

**祝勇：** 比其他的形容更有震撼力。

**宁肯：** 因为它更旷野化，因为西藏，布达拉宫很宏伟，那么比它更宏伟的是什么，是整个高原，相对高原来讲，布达拉宫就像是一个巨大的钢琴。

**祝勇：** 这种说法很魔幻，又很现实。

**宁肯**：是。

**祝勇**：就好像我们看马尔克斯的《百年孤独》，我们觉得它非常的魔幻，比如说他写一个村子下了 300 天的雨，但是在那儿就是现实，并不是臆造的，所以无法区别现实和魔幻和梦想之间的界限。

**宁肯**：我觉得这个和现实对你刺激强烈的程度有关系，就是，实际上，感觉的真实是最大的真实，最高的真实。

**祝勇**：不是物理的真实性。

**宁肯**：不是物理的真实，因为你的感觉会产生真实，甚至会创造真实，所以当我说出，比如说布达拉宫像一个巨大的钢琴，这个真实已经产生了，但是它是通过我的感觉，如果我不说它像一个巨大的钢琴，可能，这钢琴还不存在。

**祝勇**：所以刚才你那句话，我觉得是核心，就是一个梦取代另一个梦，我觉得描述西藏特别的准确，我曾经看过史铁生的一部小说，叫《往事》，就是专门写梦的，就是整个短篇小说从一个梦里面醒来，他认为自己醒来的时候呢，后来他发现是在另一个梦里面。然后他不断地从一个梦进入另一个梦，一个梦接一个梦。

**宁肯：**有点像盗梦空间，有几层。

**祝勇：**在他小说的最后呢，他说，他已经不知道是现实还是梦了，实际上是在现实当中，但是最后的结尾他说，有没有人把我再一次叫醒。

**宁肯：**非常好。

**祝勇：**他是不断的，梦被中断，被唤醒的这样一个过程，那么在现实中，他最后说，我会不会再一次醒来。

**宁肯：**对，这也说明什么问题呢，就是说比如像史铁生是一个非常特殊的情况，他生活非常的局限，也非常安静。

**祝勇：**但他的思维非常的发达。

**宁肯：**正是这种简单的生活，人的感觉才非常丰富，比如我在西藏那样一个大的旷野里边，住在一个简单的石头房子里边，感觉就会非常的发达，无论是听觉、视觉，甚至是幻觉，都非常的灵敏。外面有一点点动静，我都能够捕捉到。这就像一只麻雀站在树上，有一点儿风声，它马上就可能回过头来。所以就是说，这种东西一定要和你的环境相关，你比如现在，我们的感觉，我们现在待在这种大的都市环境里面，我们的感觉就在退化，甚至我们很烦外面的声音，你想听到的声音你听不到，不想听的充斥在耳，这时候感觉慢慢地就会退化。

**祝勇：**都市让我们离自然越来越远。有时候我们去超市里面买蔬菜，买馒头，但是我们从馒头里面已经吃不到小麦的味道了。

**宁肯：**没错，这个太对了。

**祝勇：**事实证明放弃拉萨市内的生活，选择郊区，是非常明智的选择。

**宁肯：**非常明智的选择。比如说要写这个——刚才说的这么丰富的感受，包括我刚才读的那段日记——这东西在小说里怎么表达？另外，我觉得还有一个非常重要的东西，就是沉淀，后来我明白了这个道理。

**祝勇：**现在突然明白了一件事，就是你为什么写得这么慢，我觉得你这个慢是西藏给你的。

**宁肯：**没错，对，太对了，你说的这个，我曾经在一篇文章里也谈到过，因为很多人到了西藏，写了很多东西，我到西藏反而写不出来东西了，我感觉是西藏这种巨大把我一下给镇住了，我只有感受的份，接受的份，却不可能表达，没有时间表达，也没有经历，甚至也没有体力表达，西藏作为存在物太大了。

**祝勇：**另外还有一个原因，就是在西藏，时间的这个概念，就不太强烈了。

**宁肯：**对，西藏的时间与空间是不对等的。

**祝勇:** 时间界限模糊了,所以很多西藏人都是非常缓慢的,长时间地专注于一件事情,哪怕非常细微的事情。

**宁肯:** 没错,你说得非常对。

**祝勇:** 在现代都市里这是不可能的。

**宁肯:** 不可能的,因为西藏,甚至有时候我会感觉,它是只有空间感,没有时间感,因为空间的巨大和辽阔,以及它每天的生活几乎是重复的,永恒的,没有什么变化,每一天都是同一天,因此人是慢的产物。

**祝勇:** 所以它就没有开始也没有结束。没有过程。

**宁肯:** 时间长了以后呢,这种时间就消失了,我们每天见到的是空间。那么,到最后表达这种空间感的时候,就需要沉淀。为什么特别讲到沉淀这个词,一方面西藏,它给了我非常丰富的东西;另一方面呢,它又让我必须沉淀下来,用时间发酵这些感觉,所以才能够在若干年后表达它。

也就是说，西藏给你东西，你真正想把它表达出来必须要时间，等它发酵。我等了 10 年之后才开始写我第一部关于西藏的小说《蒙面之城》。所以我觉得，我到西藏是为了写作，但是西藏呢，反而制约了我的写作，反而把我关起来了，一关就关了 10 年，等于把我囚禁起来了，你在那儿待了两年，回来你要用 8 年的时间去消化它，甚至 10 年的时间去消化它。很多事情必须到最后，回忆起来，那个真实的东西，当时现场的感受才能够被逼出来，才能反映出来。这也是为什么我能够在许多年之后，在《蒙面之城》里面，大量的西藏的描写能够对人有所震撼的原因，其中很大一点，是时间起了作用。

"

西藏的感觉
又回来了

"

**祝勇：** 你是在西藏待了两年，回来 8 年，才写的《蒙面之城》？

**宁肯：** 不止 8 年，你看我是 1984 年去的西藏，1986 年回的北京，到 1997 年开始写《蒙面之城》，11 年。

**祝勇：** 这 11 年当中的生活是什么样的？

**宁肯：** 这 11 年呢，从西藏回来以后，当然都是比较正常的生活，比如说，换了一个单位，回来以后不到学校，就到了一个报社，然后这个报社呢，因为（20 世纪）80 年代正好也是转折的时期，我也在经历这样的转折，经过了一些波折，最后又总算稳定下来了。但是我觉得这段生活怎么讲呢，虽然离开了西藏，虽然进入一种新的命运之中的这种转折，但西藏始终对我是有影响的。他对我的影响体现在各个方面，为人处世，工作态度，看事物的态度，我觉得西藏给了我最重要的东西就是超越，就是，在重大利益面前，我总有一种超越的东西，而这种超越反过来又给了我一种特别神奇的意想不到的东西，也就是你越超越，这个东西反而越找你来了，很多人不超越，很纠结想得到那个东西，却得不到。举个例子，后来到了 90 年代初，1992 年，我辗转来到《中国环境报》，邓小平南方谈话后，我们的经济列车又开始启动，经济很热。

**祝勇：**对，经济生活非常活跃。

**宁肯：**我们这个报纸，原来有一个部门叫广告科，广告地位越来越重要，广告科升格为广告部。我们报社是一个局级单位，一个部相当于处级单位。那么升格后的广告部主任是谁呢？报社重新挑选。我根本没有想这事，但很多人想去当那个广告部主任。

**祝勇：** 直接跟钱打交道，可以想象。

**宁肯：** 而且有自己独立的账号，而且马上成立广告公司，公司化管理，独立性更强，权力也就越大，我当时只是一个普通编辑，即使从级别上也不可能一下到处级，根本没想。有一天报社领导找到我，说让我当广告部的主任，我去牵头搞广告，我那时候满脑子想的都是文学，准备东山再起，经过一番波折，好不容易消停下来了，可以写点什么了，没想到这顶帽子落我头上了。

**祝勇：** 为什么呢，真是挺神奇的。

**宁肯：** 后来我才知道，领导的考虑是，广告部是一个经济前沿，是跟钱打交道，他们首先要对这个人的人品相信。我想我一个去过西藏的人，人品在他们看肯定没问题，因为平时我不自觉流露出来的东西，让人家觉得我身上有一种可信的品质，所以简单地说，他们觉得有两个原因我适合干这个工作，一是我人品适合干这个工作，二是感觉我这个人比较灵活。而这两点，其实都是西藏赋予我的，不自觉地形成了个性的东西。

**祝勇：**可能你自己都没有感觉到，别人感觉到了。

**宁肯：**没错，我自己没感觉，别人感觉到了。

**祝勇：**当处级部的领导是件好事，但是对你来说，又意味着另外一个问题，就是跟你写作梦想是不是离得更远了。

**宁肯：**对，当时呢，我就做了一个比较大的抉择，就是我到底接受不接受这样一个安排，后来我深入地想了一下，因为我觉得，我的考虑是对的，我还是最好接受，为什么，第一我觉得我有西藏这样一个感觉，完全艺术化的感觉，但是实际上，我始终对现实有一种格格不入的东西。我觉得作为一个作家，或者艺术家来讲，他有高度的艺术的感觉，同时也要有穿透现实的能力、深入现实的能力，这点是我一直所缺乏的，那么，广告部这样一个部门，这样一个经济前沿的部门，这个我可以深入现实，深入当代经济生活最重要的核心部分的部门，这种机会，好像是上级给我安排，说你是那样一个人，你现在还需要这样一种锻炼，没有办法，当时我有一种被认可的感觉，我当时跟报社签了三年的合同，我说我就干三年，我当时没打算干这么长时间的，因为我觉得这不是我一辈子要干的事情，但是我觉得这是一个机会，是一个锻炼我自己的机会，认知现实社会非常重要的机会，所以就干了三年。干了三年以后，因为当时我也不是说我有本事，那个时代大潮推着我，就是那三年干得特别好，报社的广告额翻番地往上涨，从一开始几十万，后来赚到一百万，上升到几百万，最后上升到五六百万，所以想退吧，还退不下来了。用了两年的时间退了，也就是 5 年之后才退下来，退到什么时候呢，退到我写《蒙面之城》的时候，1997 年的时候，在西藏的那种感觉又回来了。

**祝勇：**为什么这个时候那种感觉又回来了，我感觉一个平常的人，有可能被经济的大潮越推越远，我身边有很多这样的人，一开始是怀着文学的梦想写诗。但是文学太穷了，他说只要我挣够一笔钱我就回来，但是这些人，一去不复返，挣够了很多钱之后，就对文学彻底地放弃了。

**宁肯：**没错。

**祝勇：**没有人再重新回到这个领域来。所以我感觉你在这里的时候，应当是离你的文学梦想越来越远了，因为你的广告的这个事业也是越来越成熟，越来越发展。那什么样的契机又让你重新回到西藏写作这样一个轨道上来？

**宁肯：**所以我有时候觉得这些都属于命运的一种安排，虽然我当时处在那么一个困顿的状态。那么对于西藏写作这个问题也是，就是到一定程度，突然我就感觉到，你得回来了，当然要有契机，那个契机是什么呢，首先我觉得第一，我心里有一种愿望，就是西藏给我的东西，是不可能丢掉的。

**祝勇：**这么多年当中，这个愿望一直没有泯灭，一直存在。

**宁肯：**一直存在，当然，它被现实给弄得很淡，遮蔽了。触发点是有一次我去谈一笔广告生意，当时我已经开上雪铁龙那种车，法国进口的，已经是站在很前沿的，那时候有车的人很少，我开个车，我到天伦王朝饭店去谈一笔广告的生意，走在路边上，就在东边路边上，我突然听到了朱哲琴的《阿姐鼓》，这事儿我谈过多次。朱哲琴的音乐对我来讲是一个导火索，所以我当时用了引爆一词，西藏那种感觉都是地雷，都是炸药，许多年了全部压在心里，由《阿姐鼓》引爆了。

**祝勇：**就是这么多年隐藏下面的线索，那根火药线，一直都没有断。

**宁肯：**一直都没有断。

**祝勇：**但是你自己可能不知道，不是很敏感地察觉到。

**宁肯：**没那么强烈。但它仍然存在，越发展越大越轰动。

**祝勇：**而且90年代经济大潮的那样一个环境下，对西藏的那种宗教氛围、文化氛围的那种感觉，我觉得它的那种反差更大，张力更大。跟80年代又不一样。

**宁肯：**不一样，我从广告部退下来，我把那带子拿到手开始听，《阿姐鼓》一共是由7个曲子构成的。我呢就是听了7个曲子写了7篇散文，就是《沉默的彼岸》，从那儿开始，把西藏的感觉唤了回来。

**祝勇：**幸亏它就是 7 个曲子，它如果是 20 个曲子，你会写 20 篇散文。

**宁肯：**因为听每一个曲子，我都能想到我在西藏的那种生活是一种什么状态，那个情景是什么，所以我觉得为什么有新散文，新散文天然的就是感觉真实，最高的真实，是吧，它是文本，它是生命，是西藏，朱哲琴，是《阿姐鼓》和我的生活。

**祝勇：**实际上我们原来的散文太单一了，在这种新的散文里面呢，把音乐、哲学很多因素调动了起来，成了一个综合性的文本，而且更有力量。

**宁肯：**对，它的入手跟传统散文完全不一样了，因为传统散文首先你要写时间、地点、人物，一事一议。

布达拉宫白宫，祝勇摄

**祝勇：**把这事来龙去脉说清楚。但是它比较平面化。

**宁肯：**对，比较平面，但是新散文，或者西藏这种感觉是什么呢，它从高处直接横插进来。比如你刚才提到的藏歌，开头是什么，开头是"西藏的原野是可以聆听的，唯其寂静才可以聆听"。

**祝勇：**所以还是刚才那句话，就是你对音乐和声音特别的敏感。朱哲琴的歌声仿佛天籁，令你感动，但是在人头攒动的王府井可能只有你一个人接收到了这个信号，很有可能，别人都是这个耳朵听到那个耳朵冒出去，对吧，一路就走过去了。

**宁肯：**对对对，别人他没有"炸弹"，我是有"炸弹"，有西藏给我埋藏的"地雷"，我觉得这就是非常重要的区别。

## 从《蒙面之城》到《天·藏》

**祝勇：** 你的第一部长篇小说《蒙面之城》进展是不是特别顺利呢？

**宁肯：** 进展还算比较顺利，但是我写得算比较认真，前后一直到出版大概用了三年的时间。三年时间我觉得是一个比较正常的时间，当然和现在很多人，三个月写一部长篇小说没法比，我这可是太漫长了。但是我觉得我需要三年这样长的时间去写这部书。

**祝勇：** 那这三年当中是个什么样的状态？

**宁肯：** 这三年基本上就处在一种超现实的状态，就是每天我生活在一个倒流的时间里面，而没有生活到一个现实之中。我生活在西藏，生活在过去，生活在原野上，我觉得，人和现实的关系其实有时非常模糊，我有时候上班，骑车或等公共汽车或者怎么样，都是一种恍恍惚惚的状态，但你也不会出错，也不会说一下把人给撞上，不会，都很准确，但实际还有另外一种感觉在包围着你，就是这样一种状态。

**祝勇：**写作过程中，您跟您原来学校的学生，包括就是您讲到的村子里的村民们还有没有联系？

**宁肯：**我在没写到他们的时候就有些联系，因为有时候他们到北京来。我跟你说，在拉萨的时候我教书是非常神奇的，我教了三个年级。

**祝勇：**就一门课？

**宁肯：**同样是语文，我教了预备班，初二和高二，也就是教了三个年级。

**祝勇：**课文是不一样的。

**宁肯**：不一样，就说预备班，是属于小学的语文，我刚到那个学校的时候，学校创办了纯藏族班，过去之前呢，都是汉藏混合班，然后我教这班的汉语，教什么呢，就是先要复习小学的东西，小学的课本拿来重新讲，所以我等于教他们小学的语文，然后还教一个初二班，一个高二班。

**祝勇**：*差别很大？*

**宁肯**：当然了！有一段我同时还在部队兼了一个大学语文，所以那边的生活非常精彩。

**祝勇**：*四项全能？*

**宁肯**：四项全能，哈哈！我教的高二的那批学生里边呢，我回来以后他们就开始考大学了，其中有三个藏族的学生都考上了大学，一个考到了青海西宁，最近的是考到天津轻工业学院，然后是陕西的有一个咸阳民族学院，所以就说他们，天津的那个学生到过北京，到了我家，所以跟他们还都有些联系。那么在写作过程之中倒没跟他们联系，因为我没有把他们直接写进《蒙面之城》，但是我觉得仍然跟他们有一种精神上的那种联系，我知道他们还在那儿，他们毕业以后又都回到西藏。

**祝勇：**《蒙面之城》出版是差不多到了 1995 年了吧？

**宁肯：** 不是，2001 年出版的，先在《当代》上连载了两期，然后作家出版社发行了单行本，当时产生了很大影响。

**祝勇：** 在这之后，我知道你又写了两部长篇小说，《沉默之门》和《环形山》，但这两部小说都非西藏题材吧？

**宁肯：** 非西藏题材。

**祝勇：** 那么去年，2010 年你又出版了一部西藏题材的长篇小说《天·藏》，还获了施耐庵文学奖。

**宁肯：** 还获得了老舍文学奖，这是我第二次获这个奖。

**祝勇：** 那这两部西藏作品之间又隔了 10 年，为什么又隔

10 年这么长的时间？

**宁肯：**这个确实也是一个说来话长的事情，但是简单说呢，因为《蒙面之城》涉及西藏的时候，是一个比较浪漫的写法，写出了它自然的一面，没有涉及宗教，那种自然的诗意的东西有了，人在大自然的过程很充分，但是呢，我始终就觉得有一个很遗憾的地方，那就是西藏有着巨大的宗教的存在，如果你的作品中没有体现出宗教的味道来，这个西藏好像不是很真实，是更外在于西藏的。作为一个外人来讲，你感受西藏可以把不理解的宗教屏蔽掉，你可以看山看水，是吧，这个没问题，但是如果你想表达西藏，宗教就是一个很大的问题，但宗教对我来讲写入到文学作品非常困难，这个东西一直就是等于把我又难住了，写完《蒙面之城》，按理说，西藏题材你可以接着写，但我又无法再写了。

**祝勇：**这是非藏族作家写西藏的一个最大的障碍？

**宁肯：**是，最大的障碍。因为宗教，你了解吗？咱们也多少了解点，但是咱们的了解都属于比较表面的。

四川甘孜藏族自治州
五明佛学院辩经场面，祝勇摄

**祝勇：** 我们是作为知识来了解。

**宁肯：** 对，知识。

**祝勇：** 但是呢，他们是跟宗教融为一体，宗教是他们的血肉灵魂生命，这完全不一样。

**宁肯：** 对，所以就是说你怎么涉及宗教？你得去感受，比如这个佛像代表了哪些内容？这个壁画上说的是什么？它背后都是有内容的，你不了解怎么去表达它，所以一方面就是说，我觉得特别容易浮皮潦草地表达，再一个会陷入进去，你一旦开始去研究宗教的话你可能就出不来了，等你研究懂了以后，你可能也就写不了西藏了，就无法再用文学来表达西藏了。实际上我就一直有很多东西想表达，但是宗教又把我困住了，所以这也是我的宁肯这个名字，可能在这儿又起作用了。

**祝勇：** 就是宁肯不写西藏题材的小说，就写两部咱们内地题材的现实生活的小说。

**宁肯：** 对，我也不去触碰它了。其实你说可不可以写呢，要硬写也是可以写的，但是肯定写不好。后来到了 2006 年的时候，我的一个朋友给我介绍了一本书，叫作《和尚与哲学家》，看了这本书以后对我帮助非常大，一下就解决了我在表达西藏上的困难。这本书简单地说是一个法国人写的，一个法国哲学家，他是法兰西的一个院士，他的儿子许多年前皈依了佛教，一直在尼泊尔。本来他的儿子是一个科学家，已经读了生物学的博士，而且正和他的导师研究世界上最尖端的生物科学，他的导师当时刚刚获得了诺贝尔医学奖，但是正是在这个阶段，他呢，一次喜马拉雅山的旅行，对他震撼非常大，由此他开始对佛教越来越感兴趣，以至于最后他放弃了他的科学研究，来到了喜马拉雅山，成为一个佛教人士，皈依了，剃度了，在尼泊尔喜马拉雅山他一待就待了 20 年。那么他的父亲呢，一个著名的怀疑论哲学家，当年来讲对儿子这种选择并不赞成，但是西方人是比较尊重孩子的选择的，20 年过去之后，这个哲学家发现，佛教在西方的影响越来越大，而且佛教本身的哲学色彩很浓厚，这老头，这个院士呢，对佛教产生了兴趣，许多年之后就来了尼泊尔，跟他儿子做了一场对话，就是关于哲学和宗教的对话，特别是西方哲学和东方佛教的这种对话，它里边有最基础的对佛教的问答。

**祝勇：** 听上去很神奇，哪些问答？

**宁肯：** 比如父亲问：为什么要磕长头？这个转经筒是怎么回事？这些是普通人的问题，同时也有那种高端的，比如在认识论上，在对世界的认识上的提问与回答，涉及心理学、哲学、精神分析学，等等，所以这本书让我一下找到了一个角度，就是进入宗教的这种角度，从最低端到最高端，让我对表达宗教有了一种信心。

**祝勇：** 又引爆了？

**宁肯：** 又引爆了，因为看这本书我就想我当年在西藏的生活，几乎就是一个僧人的生活，一个星期就要去一次哲蚌寺转一转，村子里还有一个小的寺庙，每天散步都会走到这个寺庙里，有感受，没知识，没深度，从来没有深入过。那么这外国父子两个人的对话，一下打开了我的感受的空间和知识的空间，找到了一个特别的外国父子俩的表达角度，于是我才又开始第二本西藏题材的写作，才有了《天·藏》，才敢写《天·藏》。

**祝勇**：这部小说在你这个障碍打开了以后，进展应该是比较顺利的吧？

**宁肯**：当然，也不是很顺利，也是磕磕绊绊，因为任何一个东西来讲呢，它的主要问题解决了之后它的枝节也很重要，就是写什么已经解决了，怎么写这又是一个大问题！而且，确实，宗教进入到文学创作里边，是个非常有忌讳的问题，你怎么能够让它融合到你的文学里边去？而不是说教的，布道的？因为它属于理性的，甚至教条的，你怎么把它跟自然融合在一起？这些东西都需要你在形式上做很多很多创新的功课，有时候是非常难的，有时候就是写不下去了，就觉得自己的这次写作是一个失败性的写作。

**祝勇**：那你有没有怀疑过你这样的选择？

**宁肯**：怀疑过呀。

**祝勇：**或者是这样的性格，非要啃一个硬骨头？

**宁肯：**怀疑过，怀疑过，太怀疑过了。有时候我觉得我写的东西可能是一个没人看的东西，是一个完全犯了写作大忌的东西，因为写作是不能把这种过于理性的东西引入到感性的写作里边的。

**祝勇：**但是，我觉得你在这种怀疑当中，还有一种自信，或者是说你自己非常肯定的东西，那就是你对你的小说有自己的要求，或者是你建构了自己想象中的小说，《天·藏》，还有你其他的写作，跟咱们书店里面流行的其他的小说完全不同，你有你自己的坐标系，我觉得你可能比较喜欢《没有个性的人》这样的小说。

**宁肯：**对对，我认真读过穆齐尔的这本小说，还有就是，我感到困难，但我没有放弃，虽然我一直在怀疑自己，但是我没有放弃，我在找原因，在尽量地磨合。其实我做的很多工作是修改，这书写了将近四年的时间，其实初稿大概用了一年多一点时间就写完了，但是没法看，天翻地覆地改了两年，改什么？就是磨合，就是把那些不兼容的东西让它兼容了，通过我的这种功力，我的这种努力，达成了，有时候我觉得，这东西也就我写，我要不写恐怕就再没有人能写出这个东西来了。

**祝勇：**实际也是这样子的。

**宁肯：**也是这样。

**祝勇：**《天·藏》你不写就没有人写。

**宁肯：**真是很难写，因为它把那么多宗教的历史浸润在了一起。

**祝勇：**还有哲学性的。

**宁肯：**对，哲学性的，这太难了，按理说人们会批判一个小说有过多哲学色彩、宗教色彩的东西。

**祝勇：**因为我们中国的读者，没有这样的要求。像德国，是这样偏执的一个国家，一个民族，日耳曼民族，所以它会产生那种理性比较重的小说。像《没有个性的人》这种书，中国读者没有这样的要求，读者只要好看，所以中国人是《三国演义》《水浒》渲染出来的，没有这个要求。

**宁肯:** 没错。

**祝勇:** 这样的话，你在写作过程中，是不是觉得非常孤独呢?

**宁肯:** 非常孤独，当时这个写作，其实来自两方面的困难，一个是读者，我估计会非常少，因为这么一种深奥的小说，这么一种非常个人化的小说，而且刚才咱们说到西藏又是非叙事的，这里边确实是叙事不多。

**祝勇:** 没太多故事，对于期待故事离奇、情节曲折的读者，它满足不了。

**宁肯** 对，你要想找到一个好看的故事，在我这里你找不到，但是你要想找到一个人是怎么存在的，是怎么生活的，可以在我这书里边找到，因为有一部分读者他更关注的就是，

2002 年，《蒙面之城》获第二届老舍文学奖时接受记者访问

我通过看你的书，看你的人物塑造，得到精神满足，小说可以没有精彩的故事，但是必须有精彩的人物，有些读者就是始终盯在小说人物身上，他是怎么存在的，他的存在有多少跟我产生共鸣，我是在这样一个意义下写作的。

**祝勇：**这部小说的真实终极目的，还是呈现人的存在，对吧？用小说这种方式跟读者进行交流和沟通，如果没有这个层面上的意义的话，那些故事是没有价值的。

**宁肯**：没错，没错。

**祝勇**：也就是一般小说，你这故事再精彩、再离奇，跟我有什么关系呢？

**宁肯**：没错，所以我觉得我的小说，这个《天·藏》，跟传统小说最大的区别，就是，传统小说它是通过让你做一个梦，给你讲一个故事，让你都忘记了你的存在，就像好莱坞的梦工厂，看完电影一散场就完了，你从中获得一种什么感受？那么我的小说是让读者始终在场，你不会觉得读我的小说像做一场梦，你是非常清醒地意识到小说中的人物的存在以及你个人的存在，这是这个小说最大的特点，虽然大多读者不习惯这样的小说，但是我觉得中国需要这样的小说。

**祝勇**：非常需要！

**宁肯：** 因为要提升我们小说的品质，怎么提升？不仅仅是在故事层面。

**祝勇：** 实际上，叙事是小说的一个手段，并不是小说的本质。小说的本质还是描述人的生存状态，一些思考性的东西，所以 20 世纪 80 年代的中国先锋小说在这方面做了一些探索，但是到 90 年代特别是新世纪后，中国的小说实际上是在大幅度地后退了，不是在往前走，而是在往后撤，包括一些当时很具探索性的先锋小说作家，都是在回归到情节，回归到故事。

**宁肯：** 他们大面积地溃退。

**祝勇：** 溃退，回到《三国演义》，回到《水浒传》。

**宁肯：** 这个和市场经济有关。

**祝勇：** 对，在这样的一个氛围之下，其实你的小说呢，实际上接续了这样一个中断的传统。而且，我觉得还很像法国新浪潮的电影。

**宁肯：**那种作家电影吧。

**祝勇：**作家电影，罗伯·格里耶。他们做了一些探索，包括放大这样的电影。

**宁肯：**其实我在《天·藏》里面也提到了什么新浪潮电影之类的，所以这种影响痕迹是很自然的，因为我觉得 80 年代其实留下了非常宝贵的经验，但是最后没有继承下来。

**祝勇：**没继承，是被当成一个负面的东西给扔掉了。

**宁肯：**我们老是那种狗熊掰棒子。

**祝勇：**对，这非常可惜。

**宁肯：**本来，一个好东西它应该延续发展壮大，但是它中断了，但是它留下的那种影响还在，肯定还有人接着那种探索的精神，表现人的本质的东西，接着往前走。不仅仅是我，其实现在还有其他作家也都在往前走，只不过现在还不是特别被人注意，所以我觉得将来这个时代，等到这个时代水落石出的时候，我们在清理这个时代的时候，会发现很多好东西，我绝对相信。

**祝勇：** 小说的开篇是这样的：

我的朋友王摩看到马丁格的时候，雪已飘过了那个午后，那时漫山洁白，视野干净，空无一物，在高原，我的朋友王摩说，你不知道一场雪的面积究竟有多大，也许整个拉萨河都在雪中，也许还包括了部分的雅鲁藏布江，但不会再大了。一场雪覆盖不了整个高原，我的朋友王摩说，就算阳光也做不到这一点，马丁格那会或许正在看着远方或山后更远的阳光呢。事实好像的确如此，王摩说马丁格的红氆氇尽管那会已被大雪所覆盖，尽管褶皱深处也覆满了雪，可看上去并不在雪中。

非常奇特的一段描写，从一场大雪开始，然后你说到雪的面积。很少有人考虑到雪的面积。

**宁肯：** 下雪和面积有什么关系呢，人们不会这样想。

**祝勇：**对，然后这个阳光面积有多大，雪的面积和阳光的面积谁大？就是这种感觉完全是一个新浪潮的感觉，新小说的感觉。

**宁肯：**但它本质上也是西藏的感觉。就是说你即使没有意识到新浪潮，没有这样的概念，也会出现这样的描述，为什么说这是西藏本身就有的东西，因为西藏就是这样，特别是下雨的时候最明显，东边来了一块云彩，下了雨，那边还就有阳光，雨雪总是局部的，因为旷野大了之后吧，任何一种天象都带有局部性。

**祝勇：**都不是覆盖性的。

**宁肯：**都不是覆盖性，覆盖不了，所以有时你脑子里就会产生一些局部的感觉，我忠实地把这种感觉给它描述出来了。

**祝勇：**所以这部小说的格调，从第一段的描写中就奠定了非常强烈的、非常浓厚的西藏的感觉。

**宁肯：** 所以，我觉得任何的艺术的本质，其实主要还是受到现实的影响。就是，你在现实中深刻地感受到了什么东西，有一天它肯定会用它自己的方式出现，甚至会出现这样一个词汇。说句实话，当初我也没有想到用"面积"这样的词，一场雪的面积，我们过去很少用这个词，但是我觉得只有在西藏生活过，你才会发现这个词很新鲜。

**祝勇：** 但是很准确，没有比它更准确的词了。

**宁肯：** 所以，这就是西藏。

访谈时间：2012 年 4 月 9 日

整理时间：2023 年 7 月

# 1961

Interviewee

采访对象 _

冰川流逝了，
我依然在这里

冷冰川

除了血液里的东方精神，我没有什么绘画哲学理念；所以我可以自由地穿越一切边界。多么幸运，没有什么意识形态的羁绊，没有迷信，没有权威。每一天我都从零开始。我希望摆脱过去。

Interviewee

采访对象 _

简
介

冷冰川，江苏南通人，当代艺术家。1994 年至 1996 年在荷兰格罗宁根（Groningen）大学艺术学院学习；1997 年至 2014 年在西班牙巴塞罗那大学美术学院学习；巴塞罗那大学美术学院博士学位。现在巴塞罗那、北京生活，创作。曾在巴塞罗那文化中心、巴塞罗那奥林匹克艺术中心、何香凝美术馆、苏州博物馆、上海美术馆、2018 年米兰设计周、列支敦士登国家博物馆等举办个展。出版《闲花房》《乌东西》《纵情之痛》《触处似花开》《七札》《荡上心》等。

冷冰川与我喜欢的一支西甲球队住在同一座城市——巴塞罗那。能够让我与那座遥远的古城发生联系的，是电视里每周末的西甲联赛，当然，还有冷冰川的绘画。

冷冰川不止一次地纠正我，他的作品不是版画，是他用刀刻在自制的墨卡上刻划。没有草图甚至没有构思，直接一次性完成。这种绘画形式一直都没有一个命名，直到评论家李陀先生为它起了一个形象的名字：墨刻。十几年后，冷冰川将名词"墨刻"，改成动词"刻墨"。

陈丹青说，冷冰川作品中的浓黑，得之于地中海阳光的慷慨恩赐，初见，以为是位西方的作者。然而，我却从他的作品中直觉地看出中国传统艺术的底蕴，从他那不厌其烦的细致工笔与胆大妄为的激情写意中，不难嗅出中国民间艺术和传统文人画的气息——但那一切，也仅仅是或浓或淡的背景,在那背景之外,冷冰川已走得很远了。

　　冷冰川主要个展有:

　　1997 年,巴塞罗那文化中心画廊个展。

　　1998 年,巴塞罗那奥林匹克艺术中心个展。

　　1999 年,何香凝美术馆个展。

　　2000 年,广东省美术馆个展。

　　2007 年,苏州博物馆"冷冰川艺术展"

　　2009 年,北京今日美术馆"至于素朴"冷冰川艺术展。

　　2010 年,上海美术馆 "冷冰川艺术展"。

　　2017 年,参展第 57 届威尼斯双年展"记忆与当代"。

　　2018 年,作品参加"2018 年米兰设计周"。

　　2019 年,列支敦士登国家博物馆"冷冰川艺术展"。

　　已出版画集 N 种,书名永远是——《冷冰川的世界》。

从来没有任何人教过我画

**祝勇：**最近由浙江人民美术出版社出版了一本精美的中国名家精品选集《冷冰川》，从中大抵可以认识你的创作风格。在你的黑白绘画里尽管有着强烈的现代情绪，但是从里面可以清晰看到东方文化背景。你虽然生活在西方，是否有意把东方题材作为你的创作主题？

**冷冰川：**我没有刻意考量东方或创作主题，如果一定要说出什么主题，我只想关注天然灵肉的生动、火焰，其他的懒得费心。天性像小偷似的到了，悄悄地来去。我除了等待什么事都不干。

**祝勇：**为什么黑白画在你的创作中占有如此重要的地位？

**冷冰川：**我几乎从创作的开始阶段就选择了黑白绘画。一是由于当时学习条件的限制，没有学习资料也买不起画布和油彩；二是以为黑白可以还原本质。一把刀，一张浓墨卡纸，然后是最简单、纯真的表达。我从来没有复杂过。——在某种局限的生存环境里，自然形成某一种类型的创作者，这是不能回避的一个现实"局限"，就像我至今也不想去完成所谓全球化的艺术语言，艺术的全球化，我以为那是另一种荒漠；我不相信它能留下什么东西。我喜欢某种局限性，它可能是更有弹力、更广阔特殊的自己。对于我，简单、纯真往往直接收获真实有力的"个人"神话。真实有力的神话，真是便宜啊。我们不正是被它放弃的吗？

**祝勇：**你没上过美术学院，你是否向哪位老师专门学过画呢？

**冷冰川：**遗憾，我没能直接受教于任何个人的创作指导，所以我也没有什么公用的习气、公用精彩。尽管后来我在学院里待了很长的时间，也是独立创作，敬教而远之。性灵的创作很难交流，像原罪一样的痕迹——像原罪一样的积累。当你自然说出来的时候，你甚至还不能理解呢！自然灵性怎么这么笨哪，又不能换一个。

**祝勇：**用涂墨卡纸绘画有先例吗？

**冷冰川：**我不知道。我所在印刷厂正好有从国外进口的卡纸，我使用材料十分方便。当时又为比亚兹莱、栋方志功的黑白着迷，为追求难度，干脆将白卡纸染黑，用刀直接刻出粗毫或细美的形、线条。

**祝勇：**好像你很快离开了那家印刷厂。

**冷冰川：**是的，去了南通工艺美术研究所，那是一个很纯粹的创作地方，我在那里学习成长，略知了民间艺术的木版年画、刺绣、陶艺、剪纸、风筝、扎染、蜡染等，为以后创作中的野生纯朴谋了一点利。

**祝勇：**"刻墨"对传统中国画或者中国民间文化有哪些传承与突破？在描述刻墨中的线条时，李陀提到了甲骨文和竹简上的硬线，这与刻墨有无相似之处？刻墨中的线与传统中国画中的线又有哪些相似或不同?

**冷冰川：**传统浓烈如酒，要有好的酒量才可以私用自如。我学习传统、学习老大师的经验，但真实创作的时候，我不会想什么传承和突破……人只是妄想用最简单、动人的东西打动人。我从汉画像石、石刻、竹简等民族民间传统的原朴造型里吸收平实拙厚又恳切的趣味；从中外诗歌、文学里找灵感。每个真实本色的创作人刻画出来的"线"都不会相同，因为那是一个个"人"的自画；一笔笔、一刀刀刻下去的，都是各自不同的体温和时代，不会也不能相同。我从不相信一无所有的人。

**祝勇：**您能解读一二自己的作品，比如您是如何通过刻墨简单的两色，去表达自然节气、性灵人体的感受与理解？画中有哪些中国画、传统文化的元素或思想理念等等。

**冷冰川：**说来惭愧，我大多数时候都不知道该怎么自然地创作。我好像是选择了天然的本色——事实上，人只肯说自己的方言、演自己的角色和技术。几十年来我创作的图式都是自然与人的各种各时的故实；花鸟虫鱼、植物、女性都是天然，中国艺术里人和自然是同一体的，我没有设计，"自然"一直是主体，偶尔"私心"胡乱跑出来，带着各种天真的愚蠢和面具。能生动呈现这样本色底子的，都算是严肃自然的创作吧，大致上，人也只能与自己的底色达到和谐一致，人原本就属于这个。我画了很多我从没见过的东西，包括对中国诗、画、传统境界的各种理解和损毁，真实创作大抵如此。对于我，传统和自然是没有单位的，像自然血骨。它来了，它走了，我全然不知。

**祝勇：** 刻墨是从什么时候开始受到认可的？

**冷冰川：** 要"认可"？那是很贫穷啊，那好吗？我其实更想自己去了解自己，而不是让别人理解我。

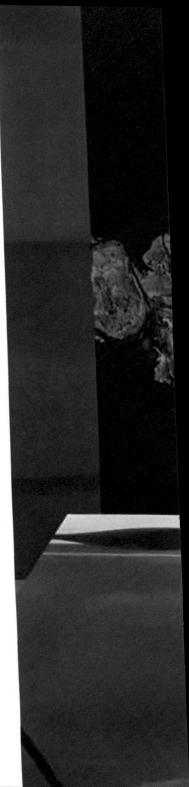

冷冰川在创作布上作画

跟艺术对话、跟世界对话很好，但能跟自己对话无比重要。大家熟识"刻墨"可能是 1997 年三联书店出版《闲花房》以后吧。

**祝勇：**你黑白画的阴柔成分是由绘画材质决定的，还是更主要取决于中国南方的审美趣味？

**冷冰川：**都有。刀刻并不必然导致阴柔。像延安时期的木刻，就很阳刚。我早期作品，也是大块的黑和白，对比鲜明，很硬，很强悍。我想像骨子里还是有江南审美，住了 30 多年的老房子，读旧戏画等，江南民间文化已经融到我的血液里。别人未必模仿得了，自己未必摆脱得了。

**祝勇：**中国传统艺术有着千百年的根基，它们还有变革的可能吗？

**冷冰川：**传统艺术和民间艺术一直会有变革的可能。在我们几代人手里发生了许多特殊的变化，像材料、纯绘画、新科技、极端个人化表达等都又向前迈出一大步。各时代都有与艺术家互为见证的好范例。艺术家都是背上驮着稻草的骆驼。

**祝勇：**创作人怎么在传统里找到自己的艺术符号，从而形成自己的艺术风格的？

**冷冰川：**这个问题大，我说不清楚。想起来刚去欧洲时曾经天真地问过一个大评论家，怎样才能找到自己的风格。他说，记忆中第一个冒出来的东西，就是你的风格、牙口。米罗童年在牧场看星星的记忆在他的作品中反复呈现，后来在巴黎他也是从此中领悟到风格和童年的关系。从自身上说，黑和白是中国艺术最好的境界，它包容了我想要表达的一切，慢慢我理解了，用中国民族传统思维去创作的画，都可以叫中国画。你不管是用油用墨用什么办法，油、墨染怎么改变生成，最好它们是像雾中向我走来的。从雾中迎面走来的，对我来说就像认识一个新词。我喜欢劳心劳作中无法预判的、甚或无聊的东西，最好是一个词就能把它们统统收集起来。艺术家是真正懂得自己天真需求的人。

**祝勇：**是什么支撑着你三十几年来坚持这种最简单朴素的色彩和创作语言，去传达最丰富的情感和内心世界？

**冷冰川：**是我的笨拙支撑着我三十几年的劳作，当初的疯狂不记得了。生活严肃又无聊，而艺术有欢快。我相信这朴素、直接的欢快，因为纯真的欢快很难、更难，从前的欢快都是一种天长地久的感觉；它的背后是本人。尽管个体的情感、真诚往往无用，但对我们平常的个体，"无用的心"才是天然的稻草，因为那是我们自然安心的东西。我们放不下。

我渺小的万千心声的稻草也担得起笨拙美丽的错误。

**祝勇：**你现在已经离开了杏花春雨江南，在西方发展美术事业，话语环境发生了巨大变化，你的东方文化背景对你重要吗？

**冷冰川：**年龄略大、经历略多、口味淡了以后，我自然放弃了早年各种东东西西的简单化交融冲动，艺术就是艺术，没有所谓先进和倒退，中国的艺术还是西方的艺术，都是人类的人性的艺术，好艺术不分地域国别，就是好……我没有什么绘画执念，东方的自然、内省、静观及精神是自有的，西方当代的各种物质的、科技、心理的打扮我也喜欢，自然和上帝都是人创造的；幸运我可以无聊地穿越边界；各种冒犯也是我的一种尊重。多么幸运，没有什么意识形态的羁绊，没有迷信，没有权威，也没有深刻。——创作和人生一样，就是一场体验，我们尽兴吧。

**祝勇**：用刀来创作，构思、制作上是否需要更多精巧的设计？

**冷冰川**：刀的拙、迟、不灵便是我有意选择的工具，有心就很容易熟练掌握技术。我也没有具体构思，也不画草图，我故意走一种极端的直接方法，希望是原生鲜活又性灵化的东西表达出来；哪怕是落败的技巧我也让他活着。艺术家天生是扔石头的，不是分拣石头的。如我布上作品，更是放纵的损毁和提炼，那些无法讲述的，或者永远没人能讲述的东西才是我的热忱。他们让我提高认识。就是反复渲、积、染，用茶和墨、自制水胶，反复染100遍、200遍、300遍。外人觉得很好奇，我染一遍磨掉一遍、反复染反复磨毁，这不是做无用功吗？但人在长时间的几百遍的劳作中，内心的异质精神、热爱的能力、气质等自然显现。我喜欢这种天真的表现。

## 分析艺术就是谋杀艺术

**祝勇：** 你的最初成名是因为你在《富春江画报》《连环画报》上画了许多连环画，这些画报在那个年代里有着巨大的影响，那时的连环画创造性很强。

**冷冰川：** 那时发表的园地很少，只有《富春江画报》《连环画报》为画家提供了创作空间，观念也比较开放。我那时拼命阅读外国文学作品，自己把那些作品编成连环画，投给这两家画报。

**祝勇：**《富春江画报》《连环画报》在（20 世纪）80 年代初风行一时，很像后来的《读者》。看你的连环画时，我还是小学生。所以我觉得你的年龄很大。没想到你和我一样，是 60 年代出生。

**冷冰川：**大家都以为我是老先生的。多好。

**祝勇：**后来的《读者》经常选用你的画作插图。《读书》杂志有一年全年用你的画作封面。

**冷冰川：**以前创作大都高红亮、生造，老气横秋，所以对自然优美、性灵化的东西有好奇。我没有入流、主流化过，当然我也没有庸众化过。

**祝勇：**你平日里的阅读，除了艺术之外，还会关注哪些领域的书籍？你最近在读的一本书是什么？

**冷冰川：** 我阅读庞杂，一直读诗读文学、创作论。我是散读，几本，甚至七八本一起散读。尽情用诗的终极说法寻读，反正诗写着、寻着的都是译不出又不能属于自己的时代东西。不能，是我们纠缠于与自己无关的问题，还有人的浅薄、虚荣。

**祝勇：** 你的黑白画线条那么繁复，布局那么复杂，是否动笔时有着冷静周密的构图或技艺的考量？否则，一个败笔就会使整幅作品作废。

**冷冰川：** 总是被问到创作里的技法、构思，我真是说不出来。投入创作时似乎只有很少的事物能够说清楚；我理解的技艺是要有精神的淬炼才有效，巧技只是小格局。而且技法（必须）要深入浅出。大概也是太过平常吧，方圆、巧拙、点线、刻、点、划、撕……我都没有深入研判过。真实地手工操作时，不能——即便是想说，也不知道从何说起最好；因为风格化的工作说不明白就很好。说不明白就像中国绘画的"留白"（因为那不是白）。创作里的真实只能是"主观的真实"，特别是不能、不想反省的手工特点（至少其显著的特点）超越我们的意识。这也是每一种创作人都孤傲、可怕的原因。

**祝勇：** 所以你认为作品事先不能设计，事后不能分析。

**冷冰川：** 我不设计、分析创作。分析设计是谋杀。感性直觉创作中，人常因理智而成了一个傻瓜。

**祝勇**：计白当黑，计黑当白。你的黑白画固然颇得欧风，但骨子里是中国画的精髓。

**冷冰川**：我这么理解我的黑白作品：它是一种即兴创作的黑白绘画（决不是版画）。我不喜欢传统版画的繁杂的复制程序；我要的是一种直接的绘画趣味、技术。它应该是无所顾忌的，有独立的构思。这种创作不拘泥于形似，意到适情而已。黑白领域是个深渊，我不能不表述这些。这是我 20 年创作里最深切体会到的。黑白是简单的，但它几乎可以表现一切。

**祝勇**：你说"黑色用得好的时候，是最好的'颜色'，滥用的时候是最坏的东西之一"。这好与坏是如何界定的？什么样的黑白绘画在你眼中是好的、美的？你有试过被一幅画作瞬间打动的体验吗？

**冷冰川**：我常常被一幅画里的危险和刺，瞬间打动。对于我，好与坏的判断与主观情感、人心的构造是相似的；我只用美的鲜活地判断，物与心的直觉、融合，等等，这是人情。任

徐冰、祝勇、冷冰川在威尼斯双年展，2017 年

何自然风骚的个体灵晕，不管什么颜色，都是美好的。我只
记得，也只会被人心鲜美的灵晕打动。

**祝勇：**你说过："爱和自由是我的信仰。"你一直试图在
绘画中寻求自由，你在荷兰国立米纳瓦设计绘画艺术学院

学习，也是在自由绘画系，自由在你的生命中
有着不同寻常的意义。

**冷冰川**：绘画是我寻求心灵自由、精神野马的
一种方式。自由有两件好东西：自由与自由的
回报。可惜很少有人用着它，自由这东西太大
了，人马上就会被他淹没。大概这也是它的魅
力吧，我们也无力使用快乐的自由。因为它太少。

**祝勇**：艺术是自由的产物。但是，绝对的自由
是不存在的。

**冷冰川**：事实上真实创作的时候，没有绝对的
自由。我使用刀这种工具恰是为了摆脱所谓自
由的画笔。用笔容易熟练，一熟练就油手，就
有习气；刀生涩，拙迟，不容易顺手。二者比较，
笔是自由的，刀却有限制，但我仍然痴迷于后者，
这暗示着一个道理：真正的自由是限制中的自
由。那种油手的自由是创作里的损害。

**祝勇:** 我一直觉得绘画是一门建立在技术基础上的艺术——如同音乐一样。而你，似乎很排斥技术。

**冷冰川:** 我其实也不排斥技术，我只是不迷恋技术。迷恋是豁出去了，其实也没什么好豁的。技术当拐杖可以，如若依赖它行走，就错过了艺术元本的愿望。技和术都是重复的东西——就像工匠玩自己熟练掌握了的东西。真正的"技术"在本质上是自己不能主宰的某种东西……那种神来之笔，人是无法控制它的。

在一幅作品上肆意卖弄技巧（有些人不卖弄几乎就找不到绘画的乐趣）——技只能据你表达得范围和能力，不是你能力范围内的，或你不需要的东西称不上真正的技术。我们只是尽其所能，做该做的事。——最好像诗人写出没有人用过的词语。将你的第一原则表达得符合情感、简单、有效，并能获得最大的满足（鞋匠补鞋洞，华丽没有用）。

## 我的缺陷别人都无法学到

**祝勇：**刚才说过，你在艺术上喜欢独来独往，似乎没有参照系来确定你的位置。

**冷冰川：**我从来都远离所谓的主流；不流行，当然也不流俗。我小众，很好。我怎么会笨到真的去流行呢？——一个人，默默无闻，不是也人情味儿十足么。

**祝勇：**那么，个体创作者的自我要求是什么样的呢？或者说，一个自我要求很高的艺术家，内心的准则应该是什么样的呢？

**冷冰川：**既是创作者，又是真正理解自己创作的人。创作

人浅薄不打紧，只要作品深致、深刻。我的幸福在于我拥有的那些野生趣味，和无法无天的勇气。也许我无法拥有别的大师的才情，但我是独一无二的。我不可能很完美，你想连我犯错误的乐趣也抢走么？我的缺陷是我个性中的一部分，我的缺陷别人都无法学到。

**祝勇：** 如果用南通工艺美术研究所时期，中央工艺美术学院进修时期，荷兰、西班牙时期来概括你的艺术历程，在不同阶段中你对艺术的看法、对世界的关注点经历了哪些转变？

**冷冰川：** 我很幸运，我的感性从一开始就走上了人心的自然，那时的单纯、野生、孤独我一直惦记，我保持这样的好奇心与新鲜感。所以我一直没离开过自然生成的自己。

我一直关注、尝试种种思潮、风格的内容，几十年里也变化过不少风格、技巧的创作，幸运是我只能相信、了解我自己的心灵——如果是大爱有"善"，我几乎能粗暴地对待创作上的事情而安然无恙。直接了解，这像是最真

冷冰川《流霞》　70 cm×50 cm，2004 年

冷冰川《补山》 200 cm×120 cm，2015—2017 年

实的证明——也许我永远也不可能认识别的东西或别人；
看起来这像是自我中心主义的困境，但什么是最真实的？
说起来，如果存在一种世界灵魂或真实灵魂，那就是一种
"我的灵魂"。我将创作中其他东西的灵魂都仅仅理解为
我的灵魂……世界太老，灵魂太老，没多少新鲜事。

**祝勇：** 跟你的刻墨不同，你还有另一类作品像立体的油画，
看上去蛮欧风的，在欧洲技巧中藏中国的主题、意境？

**冷冰川：** 说来可疑，我从年轻时就被老、朴、直、拙的东
方侘寂之美吸引，被形而上的、时间、生命的内容吸引。
几十年米一直如此，我甚至一直无法知道自身其他的样
貌。大概只有东方人的创作里才有这种与外表没有什么关
系的纯审美，本质的精神样式。这是我的一个源头。

有些奇怪，我墨刻清晰、优美，有恰当的表达。但布
上作品却相反，我在布上的含混晦涩我也无力解释。不是
自然反倒是相互对立的形式、肌理、力量，总是悖理在吸
引我，常常是这些无用无聊的碎宵让我沉溺。

**祝勇：** 看报道近几年你在海外做了几次个人画展、包括出

版英文画册，记得还出过一套邮票吗？

**冷冰川：**做过两次个展、一次主题展，出版了两本英文画册。列支敦士登王国建国 350 周年，在他们的国家博物馆举办过一次个人展览，列支敦士登国家邮政和他们的国家博物馆也在展览前联合出一套我刻墨作品的邮票。没有什么其他特别的。

**祝勇：**有人开玩笑说，这些年你的进步在于你比从前更"放浪"了，而你却说，"在我情色是和冰川一样纯洁的词"。

**冷冰川：**身体是一条回家的路。——身体才是你最亲的人，几十年来，我以数以千计的女性、花鸟虫鱼、植物做我的创作母题；"青春和死亡"是我一直的元主题，我只想像这两个动词，我不用形容词，我一直执着地抢先使用鲜灵直觉，我这样寡淡，你都不用寻找什么情色。——那是人的生机，我反复刻画了几十年，表达的就是人"无邪"的生机。我的动机越纯洁，画出的女人就越单纯越诗意；她越单纯越诗意，就越有情色的诱导，像朝霞里的星星，像芭蕾中的精华；我一直喜欢创作里种下的"不可调和"的责任。我想最好的艺术都是这样自然地相互注视，即一个人的精魂凑近另一个人的精魂，并能倾听到相互的心跳。

**祝勇：**所以陈丹青这样评价你："当我们在黑白阵地中一再找到她的裸体，认出她，同时便认出那分明是纵横纠结肆意刻划的刀痕——腴而韧、圆而满，柔顺劲健——引我们进入梦境，诱发触摸的欲念，那是目光的触摸，这'触摸'旋即转化为形式的阅读，并止于纯粹的阅读。渐渐地，我们自甘于视觉的骗局，眼睛的教养，使这情色的图像被观赏抹去了色情，我们面对的是一幅版画。"

**冷冰川：**创作时我能感受到我的刀正在触摸着人体，我甚至不敢用别的形式在草图上完成一次，因为真正的触摸只有一次。艺术表达的是在心中创作了很久的神秘形象。……

**祝勇：**罗兰·巴特对他理想中的语言状态做过这样的描述："他尽力保持一种不靠法律、不靠暴力来表达的话语：它的内容既不是政治的，也不是宗教的，还不是科学的；在某种程度上讲，它是所有这些语句的剩余物和补加。我们将如何来称谓这种语言呢？无疑，它是色情的，因为它与享乐有关系；或者也许更可以说它是审美的……"你看，罗兰·巴特把色情和审美等同起来，并把它作为理想语言。

**冷冰川：**达尔文说，诗歌的原始功用全在引诱异性……诗歌和纯粹的艺术形式大多数是表达情欲的，冒犯也是一种尊重。花儿是大地的性器，艺术是人类抒情经验上的性器。这种东西给人内心洪流般的活力和温暖。没有这种东西也就没有什么正常的东西可以做人生的出发点。情和欲是人生的表情和灵魂，就像花蕾于花，羽毛于鸟，韵律于诗歌和音乐……你的欲望在哪里，你的心也在哪里。嗯，其实也不过是做戏。

**祝勇：**在我看来，说你"放浪"是对你的夸奖。你很纯真。在这个年龄还天真，就会一直天真下去了。

**冷冰川：**冰川流逝了，我依然在这里。

访谈时间：2022 年 7 月

整理时间：2023 年 7 月

作者简介

**祝勇** 作家、学者、纪录片导演，艺术学博士，祖籍山东菏泽，1968 年出生于辽宁沈阳。现为故宫博物院研究馆员、故宫文化传播研究所所长。

曾在《人民文学》《十月》《当代》杂志开设散文专栏，出版有长篇小说《国宝》《血朝廷》，艺术史散文《故宫的古物之美》《故宫的古画之美》《故宫的书法风流》《在故宫寻找苏东坡》等数十部著作。"祝勇故宫系列"由人民文学出版社出版。

获郭沫若散文奖，朱自清散文奖，丰子恺散文奖，孙犁散文奖，琦君散文奖，《十月》文学奖，《花地》文学奖，黄河文学双年奖，在场主义文学奖，"名人堂"2020 年度十大作家，《当代》文学拉力赛 2017 年散文总冠军、2019 年长篇作品总冠军、2020 年长篇作品总冠军，马来西亚花踪世界华文文学奖等多种文学奖项。

任《辛亥》《苏东坡》《历史的拐点》《大运河之歌》等十余部大型纪录片总撰稿，获金鹰奖、星光奖等多种影视奖项，国务院新闻办、中央电视台联合摄制的大型纪录片《天山脚下》总导演，该片入选"新中国七十年纪录片百部典藏作品"。

择一事
终一生

# 《祝勇著述集》融媒体资源

　　立体化阅读时代，《祝勇著述集》融媒体内容为你讲述作家祝勇在文字世界里寻觅、求索，一路走来的艰辛与快意，带你全方位了解祝勇深远广袤的创作天地。请扫描下方二维码，体验本书丰富的融媒体资源。

1. 作家掠影 >> 　祝勇生活及工作照片。
2. 创作年表 >> 　祝勇各个时期作品的创作年表。
3. 精彩视频 >> 　本书的宣传片、祝勇创作的纪录片片段等。
4. 媒体报道 >> 　关于本书的媒体报道。
5. 创作研究 >> 　关于祝勇作品的相关研究。
6. 其他作品 >> 　祝勇已出版其他图书的介绍和购买链接。